EERSTE EDITIE - Gepubliceerd in 2022

Extra grafisch materiaal van: www.freepik.com
Dank aan: Alekksall, Starline, Pch.vector, Rawpixel.com,
Vectorpocket, Dgim-studio, Upklyak, Macrovector,
Stockgiu, Pikisuperstar & Freepik.com Designers

Ontdek gratis online spelletjes

Hier verkrijgbaar:

BestActivityBooks.com/FREEGAMES

5 TIPS OM TE BEGINNEN!

1) HOE OP TE LOSSEN

De Puzzels zijn in een Klassiek Formaat:

- Woorden worden verborgen zonder pauzes (geen spaties, streepjes, ...)
- Oriëntatie: Voorwaarts & Achterwaarts, Boven & Beneden of in Diagonaal (kan in beide richtingen)
- Woorden kunnen elkaar overlappen of kruisen

2) ACTIEF LEREN

Naast elk woord is een spatie voorzien om de vertaling te noteren. Om actief te leren vindt u een **WOORDENBOEK** aan het einde van deze editie om uw kennis te controleren en uit te breiden. U kunt elke vertaling opzoeken en opschrijven, de woorden in de puzzel vinden en ze vervolgens aan uw woordenschat toevoegen!

3) TAG JE WOORDEN

Hebt u al geprobeerd een labelsysteem te gebruiken? U zou bijvoorbeeld de woorden die moeilijk te vinden waren kunnen markeren met een kruis, de woorden die u leuk vond met een ster, nieuwe woorden met een driehoek, zeldzame woorden met een ruit enzovoort...

4) ORGANISEER UW LEREN

Wij bieden ook een handig **NOTITIEBOEKJE** aan het eind van deze uitgave. Of u nu op vakantie, op reis of thuis bent, u kunt uw nieuwe kennis gemakkelijk ordenen zonder dat u een tweede notitieboek nodig hebt!

5) AFGESLOTEN?

Ga naar de bonussectie: **FINAAL UITDAGING** om een gratis spel te vinden dat aan het einde van deze editie wordt aangeboden!

Wil je meer leuke en leerzame activiteiten? Het is Snel en Eenvoudig!
Een hele collectie spelboeken slechts **één klik verwijderd!**

Vind uw volgende uitdaging bij:

BestActivityBooks.com/MijnVolgendeBoek

Klaar... Start!

Wist u dat er zo'n 7000 verschillende talen in de wereld zijn? Woorden zijn kostbaar.

We houden van talen en hebben hard gewerkt om de boeken van de hoogste kwaliteit voor u te maken. Onze ingrediënten?

Een selectie van onmisbare leerthema's, drie grote plakken plezier, dan voegen we er een lepel moeilijke woorden en een snuifje zeldzame woorden aan toe. We serveren ze met zorg en een maximum aan verrukking, zodat je de beste woordspelletjes kunt oplossen en veel plezier beleeft aan het leren!

Uw feedback is essentieel. U kunt een actieve bijdrage leveren aan het succes van dit boek door een recensie achter te laten. Vertel ons wat u het meest beviel in deze editie!

Hier is een korte link die u naar uw bestelpagina brengt:

BestBooksActivity.com/Recensies50

Bedankt voor uw hulp en veel plezier met het spel!

Linguas Classics

1 - Metingen

И	E	V	T	L	A	A	A	E	V	I	F	K	T	K	J
A	I	Y	L	N	N	N	V	D	C	H	L	D	R	Y	K
P	A	P	O	V	И	P	S	O	U	P	J	E	B	J	Y
T	E	Ž	I	N	A	S	D	E	E	Ž	N	Z	И	P	G
G	O	A	M	U	R	A	T	I	L	R	I	S	Z	L	T
V	I	S	I	N	A	D	U	B	I	N	A	N	M	C	F
D	U	H	Y	E	T	J	A	B	L	R	E	S	A	M	B
E	H	G	V	P	E	C	I	N	Č	A	N	I	R	I	Š
C	C	G	N	E	M	U	L	O	V	T	C	И	G	N	Z
I	Y	O	A	T	O	A	D	L	Z	E	K	F	O	U	G
M	U	Y	И	S	L	K	R	B	C	M	T	Y	L	T	Y
A	R	N	G	V	I	B	A	G	H	I	Z	Y	I	B	D
L	N	F	C	И	K	H	T	G	N	T	E	V	K	B	A
N	R	И	L	A	S	D	E	P	V	N	T	O	N	A	A
E	D	L	O	И	T	Y	M	Y	I	E	I	D	P	K	F
I	K	И	S	M	Y	H	S	D	B	C	J	N	K	J	A

ŠIRINA	KILOGRAM
BAJT	KILOMETAR
CENTIMETAR	DUŽINA
DECIMALNE	LITAR
DUBINA	MASE
TEŽINA	METAR
STEPEN	MINUT
GRAM	UNCA
VISINA	TONA
INČA	VOLUMEN

2 - Opwarming van de Aarde

```
A  J  N  Ž  A  P  B  H  И  T  C  P  Z  P  I  P
D  R  I  C  И  G  P  R  E  I  P  T  A  O  N  O
A  D  K  P  I  R  E  K  R  I  Z  E  K  S  D  P
S  F  V  T  L  F  L  N  J  B  L  S  O  L  U  U
P  G  S  M  I  C  V  B  E  J  E  A  N  E  S  L
P  A  P  Y  B  K  R  C  И  R  M  T  A  D  T  A
E  S  E  L  R  R  C  И  B  R  A  T  C  I  R  C
K  K  I  N  Č  U  A  N  K  A  J  C  S  C  I  I
T  S  O  N  Ć  U  D  U  B  Z  I  D  I  E  J  J
V  V  H  L  И  E  B  K  U  V  G  S  Z  J  A  E
Z  L  G  D  O  B  F  L  V  O  R  U  F  Y  E  O
S  A  V  A  C  Š  Y  Z  E  J  E  N  T  H  P  J
U  D  D  V  T  U  K  K  N  H  N  G  H  Y  K  И
C  A  M  I  L  K  V  A  T  K  E  Y  T  S  V  A
P  O  D  A  T  A  K  A  P  A  H  T  L  K  B  R
M  E  Đ  U  N  A  R  O  D  N  I  N  U  I  O  P
```

PAŽNJA	KLIMA
ARKTIK	EKOLOŠKA
KRIZE	SADA
ENERGIJA	RAZVOJ
GAS	POPULACIJE
PODATAKA	VLADA
GENERACIJE	BUDUĆNOST
POSLEDICE	NAUČNIK
INDUSTRIJA	ZAKONA
MEĐUNARODNI	

3 - Keuken

```
R  T  S  C  I  E  Č  K  M  T  I  S  Š  Y  T  F
M  O  D  R  E  D  I  Ž  I  R  F  T  O  A  K  A
R  Č  Š  V  A  C  N  O  L  Z  V  J  L  C  A  N
E  A  N  T  R  U  I  V  I  P  H  И  J  A  Š  O
C  J  L  Z  I  Č  J  E  U  Z  I  B  E  G  I  Ž
E  N  N  A  C  L  U  S  A  L  V  E  T  A  K  E
P  I  F  M  G  N  J  G  J  G  A  P  F  N  E  V
T  K  D  R  Š  P  C  F  L  И  K  D  P  R  M  I
K  T  A  Z  T  S  T  Z  E  O  I  S  F  E  E  J
O  V  H  I  A  T  R  F  C  O  C  U  L  R  N  V
B  Z  R  V  P  U  N  P  E  S  Y  N  L  K  N  D
J  A  A  A  I  A  B  H  K  L  L  Đ  O  G  Z  G
T  Č  N  Č  Ć  P  R  Y  L  L  Z  E  R  H  E  S
A  I  A  G  I  O  T  U  V  E  P  R  C  Y  H  T
G  N  V  P  K  A  P  D  V  I  L  J  U  Š  K  E
P  I  Z  P  Z  F  V  R  O  D  U  V  D  И  C  K
```

ŠOLJE	LONCA
ŠTAPIĆI	TEGLU
ROŠTILJ	RECEPT
ČAJNIK	KECELJA
FRIŽIDER	SALVETA
ČINIJU	ZAČINI
VRČ	SUNĐER
KAŠIKE	HRANA
NOŽEVI	VILJUŠKE
RERNA	ZAMRZIVAČ

4 - Boten

```
O B J S O Z R K S U M L U E K I
K T F A L A E A I G U S H T A Y
E A V O R A K N D B P P I R J И
A M N H H B E U R A S L V P A E
N E P A O U O R O F Y A J D K T
C И C C E M M L P I B V E O J F
A M H I K Č I T U A N S Z K A D
I L И L S D E D A S O P E J H O
S S F I R S H S V L C S R P T F
G S D R O Z K R O B A M O S E D
Z A H D M D N S B O P S O H K C
S C J E O K T Z G H O A A T B P
K K A J P J P E M H N O V L O S
V I J J B K R A A M O R E O Z R
T R A J E K T K P O K N B A E D
L D U R P H O S H P A H B U R N
```

SIDRO
POSADE
BOVA
DOK
TALASA
JAHTE
KAJAK
KANU
POMORSKE
JARBOL

JEZERO
MOTOR
NAUTIČKIH
OKEAN
REKE
KONOPAC
TRAJEKT
SPLAV
MORE
JEDRILICA

5 - Chocolade

```
N A Y P O M I L J E N I E B J L
B O A R E Ć E Š O J M M C L V P
C S N A D I S K O I T N A Y A U
I O T H S T I N T A C D B N K V
O K T A L S B D K P S R C F U Y
A O J G Z G E N Č I T O Z G E M
K K R E U T И G P K E P N E G E
K L H I S E B P Z S U K E И И I
B A R P P P M J K T K V F C L K
B M L B O M B O N A U A R G E I
T F M O T F K U R N S L R T K R
V M I K R Y I O A A L I T E V I
И P C F Z I N A S Z U T G И S K
U K U S N O J K A P F E P P Z I
N G O R K A R A V J Z T E F K K
S A S T O J A K K A R A M E L N
```

ANTIOKSIDANS
AROME
ZANATSKI
GORKA
KAKAO
KALORIJA
EGZOTIČNE
OMILJENI
UKUSNO
SASTOJAK

KARAMEL
KOKOS
KVALITET
KIKIRIKI
PRAH
RECEPT
UKUS
BOMBONA
ŠEĆERA
SLATKO

6 - Gezondheid en Welzijn #2

```
T  S  T  R  E  S  K  S  H  Y  O  L  E  T  O  O
Z  E  J  I  M  O  T  A  N  A  P  F  N  M  I  K
O  A  Ž  I  V  P  A  K  Z  H  O  G  E  D  N  P
J  E  K  I  T  E  N  E  G  V  R  K  R  Y  V  L
I  S  U  P  N  N  S  A  V  A  A  F  G  T  И  L
H  D  R  T  A  A  A  Y  A  R  V  M  I  J  P  R
C  I  P  H  D  R  E  P  T  D  A  R  J  Z  M  K
P  B  G  B  A  H  E  B  D  Z  K  A  A  P  A  A
M  O  E  I  O  S  V  Z  O  V  I  T  A  M  I  N
A  L  И  M  J  I  L  D  N  L  E  E  J  B  C  G
S  E  G  Z  P  E  L  G  L  C  N  J  D  G  M  N
A  S  B  L  R  A  N  B  O  K  S  I  J  R  N  B
Ž  T  И  A  M  И  D  E  И  A  T  D  C  F  S  S
A  J  I  R  O  L  A  K  A  R  K  T  M  A  R  N
F  A  L  E  R  G  I  J  E  J  N  E  R  A  V  G
I  N  F  E  K  C  I  J  E  H  S  S  C  K  D  B
```

ALERGIJE

ANATOMIJE

KRV

KALORIJA

DIJETA

ENERGIJA

GENETIKE

TEŽINA

ZDRAV

OPORAVAK

HIGIJENE

INFEKCIJE

TELO

MASAŽA

VARENJE

STRES

VITAMIN

ISHRANE

BOLNICA

BOLEST

7 - Tijd

```
E  P  P  K  J  B  Y  N  K  P  A  I  M  C  T  B
I  N  N  E  A  U  C  O  G  O  D  B  K  N  P  U
O  G  T  V  R  L  T  Ć  И  D  D  C  H  I  H  D
H  F  O  J  T  L  E  R  P  N  A  D  O  Y  A  U
E  F  S  S  U  T  R  N  O  E  E  L  L  Z  P  Ć
G  C  A  P  S  Y  A  F  D  M  E  V  M  H  O  N
O  U  O  S  A  V  N  A  R  A  A  P  Y  H  S  O
D  G  E  P  N  F  O  B  B  J  R  E  T  P  L  S
I  Z  G  S  A  I  S  A  T  L  G  E  Y  Y  E  T
Š  A  Y  P  D  P  K  J  V  E  O  J  T  U  V  B
N  S  H  I  S  A  D  A  T  D  D  I  U  S  A  T
J  D  F  И  P  G  V  M  I  E  I  N  N  Č  C  И
E  P  O  C  N  E  I  A  I  N  N  E  I  И  E  B
K  M  A  И  S  J  P  L  И  J  A  C  M  И  S  C
T  J  L  G  P  E  G  R  U  B  И  E  A  B  E  I
S  N  F  B  N  E  J  O  T  C  D  D  И  L  M  A
```

DAN
DECENIJE
VEK
JUČE
GODINA
GODIŠNJE
KALENDAR
MESECA
PODNE
MINUT

SUTRA
POSLE
NOĆ
SADA
JUTRO
BUDUĆNOST
SAT
DANAS
RANO
NEDELJA

8 - Meditatie

```
L J U B A Z N O S T U P P И R P
B P B M L Z I P Y A M O O R I R
P V F S D I S A N J E K S J D I
O E D V A T S A P N K R M V S H
T P B D J O T P Y B И E A A S V
J N C Z N D S M G Y S T T N N A
F A F C Ž A O E I G Y R R I M T
E H A B A N N Ć S A P A Š M A
O J J O P A L L S A L K N I U N
P R I R O D A A A R N I J T Z J
S M C P B U V T Z R E J E И I E
M N O Y U B H N F A K Ć E D K A
M I M L M J A E Ć O N S A J A A
F E E E F O Z M S A P P O B G G
A P E R S P E K T I V E H V R O
Y G E A F D C L M P P O U F B M
```

PAŽNJA
PRIHVATANJE
DISANJE
POKRET
ZAHVALNOST
EMOCIJA
MISLI
SREĆA
JASNOĆE
STAV

SAOSEĆANJE
MENTALNE
MUZIKA
PRIRODA
POSMATRANJE
PERSPEKTIVE
TIŠINA
MIR
LJUBAZNOST
BUDAN

9 - Muziek

```
M  I  I  S  A  A  C  I  Č  A  V  E  P  H  R  I
A  U  H  U  N  H  C  M  L  D  P  R  P  A  I  N
T  R  Z  P  G  F  J  P  G  E  A  E  U  R  T  S
I  D  L  I  Z  A  T  R  O  H  J  P  P  M  M  T
R  S  P  P  Č  B  P  O  Z  K  K  O  N  O  I  R
C  E  A  L  C  K  K  V  Y  L  J  Y  O  N  Č  U
T  E  M  P  O  A  E  I  M  A  L  D  F  I  K  M
B  A  L  A  D  A  Z  Z  S  S  И  I  O  J  E  E
G  K  N  S  S  E  R  U  N  I  F  D  R  E  R  N
H  B  H  И  R  V  F  J  I  Č  P  O  K  S  E  T
P  S  H  S  J  K  G  E  M  N  Y  L  I  H  K  O
M  U  Z  I  Č  A  R  M  A  E  G  E  M  P  R  I
A  L  B  U  M  D  J  Y  N  K  G  M  M  E  U  S
P  E  S  N  I  Č  K  E  J  G  T  B  K  V  P  V
P  A  N  J  O  V  D  Y  E  U  O  K  P  A  D  I
G  P  G  N  T  A  I  V  P  C  H  И  A  M  K  C
```

ALBUM	MUZIČKE
BALADA	MUZIČAR
HARMONIJE	OPERE
IMPROVIZUJEM	SNIMANJE
INSTRUMENT	PESNIČKE
KLASIČNE	RITAM
HOR	RITMIČKE
LIRSKI	TEMPO
MELODI	PEVAČICA
MIKROFON	PEVAM

10 - Vogels

```
S  Z  O  C  P  Z  L  F  K  R  G  H  T  P  Y  G
L  A  B  U  D  P  S  T  L  A  I  E  N  И  H  Y
F  U  T  E  I  T  V  B  V  A  C  P  A  R  V  L
S  O  V  A  U  Z  A  O  A  E  M  V  T  S  T  J
Y  L  M  N  A  P  C  P  A  A  A  I  R  O  D  A
P  A  P  A  G  A  J  E  J  A  J  T  N  G  J  C
G  Y  B  R  C  N  E  L  G  U  S  K  A  G  G  I
P  O  Z  V  G  O  R  I  F  M  P  H  K  S  O  V
И  P  L  P  A  J  D  K  O  T  B  F  U  R  И  A
I  A  F  U  I  A  E  A  F  M  N  G  T  V  R  K
K  U  I  T  B  L  B  N  I  V  G  N  I  P  G  U
N  N  A  Z  F  C  E  H  E  R  O  N  E  Y  P  K
I  O  J  V  K  Y  L  P  S  F  A  K  D  J  A  F
D  U  V  B  V  E  A  И  B  И  И  D  V  N  T  H
D  F  P  H  S  L  G  U  Y  P  S  D  J  O  K  P
J  R  A  E  D  Y  Z  S  P  I  B  A  K  Z  A  P
```

GOLUB	RODA
PATKA	PAPAGAJ
JAJE	PAUN
FLAMINGO	PELIKAN
GUSKA	PINGVIN
PILE	HERON
KUKAVICA	NOJA
VRANA	TUKAN
GALEB	SOVA
VRAPCA	LABUD

11 - Wiskunde

```
S  S  P  T  L  H  K  O  A  O  A  A  V  O  G  Z
F  C  F  A  G  S  U  Y  D  D  Y  U  M  B  E  S
E  J  R  N  R  O  Z  G  Z  S  H  I  V  I  O  U
R  K  A  I  T  A  A  N  L  Y  E  И  I  M  M  A
I  I  K  Č  D  G  L  K  L  O  K  K  B  D  E  R
Y  N  C  A  I  U  P  E  A  P  V  T  Z  E  T  I
P  O  I  N  U  O  Z  H  L  T  T  A  P  C  R  T
C  A  J  D  K  R  A  A  L  N  F  R  U  I  I  M
B  G  A  E  U  T  K  U  Y  E  I  D  P  M  J  E
M  U  V  J  A  F  I  O  G  N  D  A  R  A  E  T
P  O  L  I  G  O  N  A  A  O  O  V  A  L  P  I
G  V  M  H  N  M  Č  J  B  P  A  K  V  N  Y  K
E  A  J  I  R  T  E  M  I  S  D  И  N  E  A  A
A  R  E  H  Y  I  R  I  S  K  A  M  O  Y  A  H
C  P  A  V  O  S  P  A  N  E  M  U  L  O  V  Z
B  F  P  A  R  A  L  E  L  O  G  R  A  M  M  R
```

SFERI	OBIM
DECIMALNE	PARALELNI
PREČNIK	PARALELOGRAM
ODSEK	PRAVOUGAONIK
TROUGAO	ARITMETIKA
EKSPONENT	SIMETRIJA
FRAKCIJA	POLIGONA
GEOMETRIJE	JEDNAČINA
UGLOVA	KVADRAT
UPRAVNO	VOLUMEN

12 - Gezondheid en Welzijn #1

```
L E K C L D E Z G A P O T E K E
U N J J N M E V R J K E Y V L K
R A K T I V A N E I C I N I L K
T U H H N R C Y F P P L V D I F
H O R M O N A P L A P H G A C E
T T C A P S V Y E R A K E L N P
A R И P P R I V K E J T S I G N
K F E И N A Ž I S T I U C G F S
R P T T M H T S F E R O Z P V E
Y Y N B M Z A I T L E H B O F M
G V C И O A P N N K T K V V S I
L L G E L T N A C A K K T R P Š
P H A И E I K B И P A O A E E I
N C L D R V I R U S B Ž V D E Ć
Y N P L P P V Z J N M A И A И A
R E L A K S A C I J A O R T H R
```

AKTIVAN
APOTEKE
BAKTERIJA
TRETMAN
PRELOM
LEKAR
NAVIKA
GLAD
VISINA
HORMONA

KOŽA
KLINICI
POVREDA
LEK
RELAKSACIJA
REFLEKS
MIŠIĆA
TERAPIJA
VIRUS
ŽIVACA

13 - Camping

```
Ž  A  K  G  N  V  P  B  I  A  N  I  F  Y  P  N
K  I  R  D  F  L  F  A  N  S  B  A  I  S  A  Y
A  L  V  A  P  P  O  P  S  D  B  R  D  S  Z  I
N  C  T  O  T  P  P  V  E  R  O  T  A  Š  I  A
U  P  N  R  T  B  O  G  K  V  N  N  R  A  J  Š
C  K  Y  M  O  I  S  R  T  E  H  B  U  K  O  E
V  I  J  O  Y  A  N  E  L  Ć  P  D  T  P  Y  Š
G  H  I  P  C  E  A  J  F  A  M  F  N  U  G  I
T  И  N  B  C  L  H  N  E  S  F  Y  A  Y  H  R
N  C  N  D  O  K  O  E  L  N  K  R  V  V  O  A
K  O  N  O  P  A  C  F  C  J  I  E  A  H  H  Ž
И  F  Z  E  K  O  M  P  A  S  Š  B  R  M  P  O
J  E  Z  E  R  O  U  J  C  J  U  H  A  D  I  P
U  P  L  A  N  I  N  E  Y  S  M  U  A  K  O  M
R  M  A  P  A  M  E  S  E  C  A  Ć  E  S  I  V
O  R  V  B  P  R  I  R  O  D  A  B  U  A  C  P
```

AVANTURA	LOV
PLANINE	MAPA
DRVEĆA	KANU
ŠUMA	KOMPAS
POŽAR	FENJER
KABINE	MESEC
ŽIVOTINJE	JEZERO
VISEĆA	PRIRODA
ŠEŠIR	ŠATOR
INSEKT	KONOPAC

14 - Algebra

```
R  J  R  P  D  I  J  A  G  R  A  M  J  V  E  E
И  E  N  Y  R  O  F  A  R  G  R  L  M  I  O  P
L  J  A  N  F  O  L  A  N  J  A  R  K  S  E  B
F  N  T  И  P  M  M  K  B  L  M  L  B  J  C
Z  A  G  R  A  D  A  E  P  T  P  N  F  M  N  E
B  M  L  K  L  A  C  N  N  R  O  I  C  O  E  K
M  I  Y  K  U  L  Ž  J  L  O  R  N  K  Š  S
T  Z  N  A  N  Y  R  A  D  J  J  B  D  M  E  P
R  U  T  O  G  L  T  L  D  Y  C  I  L  P  R  O
P  D  L  I  N  E  A  R  N  E  Z  Š  V  E  A  N
A  O  J  U  L  U  M  R  O  F  V  E  F  A  M  E
K  O  L  I  Č  I  N  A  E  A  И  R  E  A  Y  N
J  E  D  N  A  Č  I  N  A  C  V  P  S  R  P  T
F  E  L  P  D  S  K  P  F  R  N  B  J  I  I  B
O  D  S  E  K  Y  V  T  D  K  O  R  U  Z  N  M
B  F  R  A  K  C  I  J  A  M  T  S  S  V  Z  A
```

ODUZIMANJE	LINEARNE
DIJAGRAM	MATRICA
ODSEK	NULA
EKSPONENT	BESKRAJNA
FAKTOR	REŠI
FORMULU	REŠENJE
FRAKCIJA	PROBLEM
GRAF	LAŽNE
ZAGRADA	PROMENLJIVA
KOLIČINA	JEDNAČINA

15 - Activiteiten

```
R R E L A K S A C I J A C B K O
K I M И A A Y Z F E Z A N A T A
F A B F O M A G I J A F P L C P
O S M O B И K G S N N F A V B P
T L L P L R M D F E T Z A L K C
O O O A O O E K G V C S V G C T
G B V E L V V И M I E I K V S И
R O Z T M U A P G Š K Š P L E S
A D E S N E J N A T I Č T T A I
F N O O P A F B J B M J A I A R
I O Y N L P J R Y E A Y E M N B
J A K T I V N O S T R K M U U A
E K T E N O G A Z Z E E S K J V
B N V M R L U E H U K I L S S U
U K V U B A Š T O V A N S T V O
H P A Z A D O V O L J S T V O A
```

AKTIVNOST
ZANATA
PLES
FOTOGRAFIJE
RIBOLOV
LOV
KAMPOVANJE
KERAMIKE
UMETNOST
ČITANJE

MAGIJA
ŠIVENJE
RELAKSACIJA
ZADOVOLJSTVO
ZAGONETKE
SLIKU
BAŠTOVANSTVO
VEŠTINA
SLOBODNO

16 - Vormen

```
И  P  I  L  K  B  K  P  Z  S  B  N  C  T  E  Y
D  E  R  Z  U  O  R  R  E  V  Z  A  G  O  P  C
Z  B  И  A  L  A  I  I  P  И  Y  J  И  N  M  U
S  C  V  N  V  L  V  Z  C  I  L  I  N  D  A  R
F  R  C  O  V  O  E  M  K  S  I  P  U  P  P  D
E  E  A  G  E  B  U  E  A  N  P  J  R  I  I  P
R  S  A  И  R  S  G  U  R  K  S  K  R  V  F
I  L  E  L  D  E  H  T  A  Y  Y  T  O  A  I  N
F  U  K  O  A  P  P  M  R  O  Y  P  C  M  C  I
A  K  G  P  B  I  Y  E  A  A  N  J  K  I  E  И
V  Z  C  A  И  H  M  R  N  G  N  I  A  D  G  Z
E  Z  H  E  O  L  H  A  B  U  N  A  K  E  N  J
O  K  R  U  G  L  I  K  И  O  O  V  A  L  N  E
K  V  A  D  R  A  T  K  R  R  I  O  S  P  O  J
M  L  A  H  D  J  T  O  И  T  O  H  M  И  Y  J
Z  D  E  N  B  M  N  F  A  C  M  R  M  U  K  N
```

SFERI	KOCKA
LUK	RED
CILINDAR	OVALNE
KRUG	PIRAMIDE
KRIVE	PRIZME
TROUGAO	IVICE
UGAO	PRAVOUGAONIK
HIPERBOLA	OKRUGLI
STRANA	POLIGONA
KLIP	KVADRAT

17 - Diplomatie

```
Y F O A T A Y U A K I Z E J T D
S H U M A N I T A R N E J G V E
R I Z U K L E Z A J E D N I C A
I E G K E L T U N G K O E D P J
T N Z U T L I O A F S G Š I F N
N R T O R B K L Đ U T Z E S Y D
F D Z E L N E A A L A S R K J A
H A F A G U О И R A M A E U M R
G S P O Z R C S G S O V И S A A
E G P E P E I I T D L E H I P S
A L D A M C A T J D P T T J И I
V L A D A T M B E A I N P E U N
A R O V O G U E B T D I N D S V
R O D A S A B M A B O K U S O A
U N И R P O L I T I K E K T E J
M P A P И R A M B A S A D E C A
```

SAVETNIK
AMBASADE
AMBASADOR
GRAĐANA
SUKOBA
DIPLOMATSKE
DISKUSIJE
ETIKE
ZAJEDNICA
PRAVDA

HUMANITARNE
INTEGRITET
REŠENJE
POLITIKE
VLADA
REZOLUCIJA
SARADNJA
JEZIKA
SIGURNOST
UGOVORA

18 - Astronomie

```
И O E R M C C R F E Z N A R R A
J T Đ A L E B I P И R E S A S S
Y O Ž K P T T M P D A B T V N T
Y R E E E E C E J E Č U E N S R
A G V T F N I V O A E L R O E O
S O Z A И A G S G R И A O D K N
T S A T E L I T S P J M I N O A
R O S I G P T V C A A M D E M U
O Z V E Z D A K O S M O S V E T
N T E L E S K O P Z Y A T N T A
O K R I A И P C A J E S I I A И
M G P B V I A D S P E M B C E M
G R A V I T A C I J E T L A S E
O P S E R V A T O R I J E J J S
S A E I J B D T R S N A O H E E
S L K T S A V B B И S O F I G C
```

ZEMLJE

ASTEROID

ASTRONAUTA

ASTRONOM

RAVNODNEVNICA

KOMETA

KOSMOS

MESEC

METEOR

NEBULA

OPSERVATORIJE

PLANETE

RAKETA

SATELIT

ZVEZDA

SAZVEŽĐE

ZRAČENJA

TELESKOP

SVEMIR

GRAVITACIJE

19 - Emoties

```
P P J K P P Z S L J U B A V D И
C И И R V K U A I M M P T O P J
И O Z S N D C K D M F U O Y S E
C U S J P E J O K O P S H Z T U
P T H N I C E H K J V A M T R L
Z S T N I F B E S Z G O T I A A
D O S A D E K F I I N T L I H S
B D O L Y J A Ž R D A S G J J K
P A N A I L T H I Y V O O M A E
U R Ž V K E O K И M N N P D M N
P C E H Y R M S L M F Z U C H E
F C N A L T A I C I B A Š P L Y
H C T Z S U R Z R R A B T G M C
C L K I U G S Z E N H U E S Z D
G K S V S A J P T B O J N L I I
I Z N E N A Đ E N J E L O Z A Z
```

STRAH	SIMPATIJE
SRAMOTA	NEŽNOST
ZAHVALAN	ZADOVOLJAN
TUGA	IZNENAĐENJE
SADRŽAJ	DOSADE
MIRNO	MIR
LJUBAV	RADOST
OPUŠTENO	LJUBAZNOST
RELJEF	BES
SPOKOJ	

20 - Vakantie #2

```
J  C  P  A  И  N  C  E  C  A  S  M  H  M  P  G
K  A  M  P  O  V  A  N  J  E  T  A  U  D  K  Z
O  N  Š  A  K  D  Y  J  R  B  R  P  P  O  J  H
Y  A  A  E  R  O  M  R  C  J  A  A  И  K  D  N
D  R  T  R  P  P  L  A  Ž  A  N  O  D  M  O  R
V  T  O  O  G  R  C  M  E  N  I  H  O  T  E  L
I  S  R  D  I  И  E  O  S  T  R  V  O  S  J  O
Z  H  A  R  N  O  И  V  T  A  K  S  I  L  N  D
A  I  G  O  N  I  U  A  O  A  Y  J  P  O  A  R
A  J  B  M  Y  Z  K  P  T  Z  B  A  E  B  V  E
P  R  E  Z  E  R  V  A  C  I  J  E  J  O  O  D
N  A  R  O  T  S  E  R  Y  R  U  N  U  D  T  I
S  B  S  F  Y  A  V  A  C  H  L  O  I  N  U  Š
A  D  M  O  S  U  H  P  И  S  B  C  И  O  P  T
P  B  N  J  Š  U  F  F  J  R  M  U  S  G  A  E
P  N  B  T  D  Z  D  P  B  P  T  T  N  D  C  P
```

ODREDIŠTE	REZERVACIJE
STRANAC	RESTORAN
STRANI	PLAŽA
OSTRVO	TAKSI
HOTEL	ŠATOR
MAPA	ODMOR
KAMPOVANJE	PREVOZ
AERODROM	VIZA
PASOŠ	SLOBODNO
PUTOVANJE	MORE

21 - Weersomstandigheden

```
G T U E K S P O R T M И V T U P
O L U J A M H R U F P Y L V И B
G J J N U S N O M P I S A O O S
R F K U T O R N A D O U Ž G B G
M E B M H H E A V A K Š A P U E
L N E B O A B G A S V E N P H D
J P И Y D R K A L B O Z M K A S
A C B Z H R K R P I A T F Y T N
V V D И S P И U O H J G H I M N
I E V J K P S J P M A G L A O И
N T P I I L O I L Z K H Z N S И
A A J И L V I L E A B S A B F F
B R L E D D Y M A E R G J M E E
N G O D A G C D A R V C E E R D
A A F S P C V C A J N O G Z A E
T E M P E R A T U R A I N I A E
```

ATMOSFERA	POPLAVA
MUNJE	POLARNI
GRMLJAVINA	DUGA
SUŠE	OLUJA
NEBO	TEMPERATURA
LED	TORNADO
KLIMA	TROPSKE
MAGLA	VLAŽAN
MONSUN	VETAR
URAGAN	OBLAK

22 - Eten #2

```
H U H Y Z E Č A N I R I P O K Z
L E F A C B D P A P L R J E U A
E C I N E Š P M P C И O Z J G T
B P T P V E N O T U N A K N U Š
J N A C B N C J A J E Z I O U L
S A N A F D Z Z Đ L U B V F R G
Y P H Y E J O J Ž U F И I F V B
K Z K L F B K A O J O G U R T A
D K C И P E D R F U D J I E J
B R E S K V E A G F S B P D C A
J S A H B E O R A S P O B A C B
I Z C P H A N A Ž D I L T A P U
A N A N A S N P I L E R L И A K
K A R A S U G A R A P S A K E A
B U M N R B T C N G U B A D E M
D N P U И E N I U E B I R Y S G
```

BADEM	ŠUNKA
ANANAS	SIR
JABUKA	PILE
ASPARAGUS	KIVI
PATLIDŽAN	BRESKVE
BANANE	PIRINAČ
BROKOLI	PŠENICE
HLEB	PARADAJZ
GROŽĐA	RIBE
JAJE	JOGURT

23 - Klimmen

```
K C P K D R A A Y И V P E A O И
A O E C I V A K U R P E K P Y Z
C B C P Z A P D M D G Ć S U P Y
I U M И P M A T O A E I P L И Y
G A S P Y P M O K Z J N E P И V
U J T K U H P M P P N E R E T O
P J C B A P A S K A E A T L S D
S T A B I L N O S T R R L B Y I
V I S I N U C O H Z A E A O Z Č
P O V R E D A N И E N F S P S I
S O B U K A J C O G I S O K J T
Z N F I Z I Č K I A N O P I B C
O L A V O Z A Z I A A M T H P U
C M P G B И И M A H L T I T Z I
H N L F E M Z I Č G P A H P V F
L Z G D K O J Z I A Z L V K H G
```

ATMOSFERA	ČIZME
EKSPERT	POVREDA
FIZIČKI	RADOZNALOST
VODIČI	OBUKA
PEĆINE	USKA
RUKAVICE	STABILNOST
KACIGU	TEREN
VISINU	IZAZOVA
MAPA	PLANINARENJE
SNAGE	

24 - Geologie

```
B P P Z P P O T A O R B J T O B
Z R A F V F L A P N G Z I N A A
C O S P M Y K V A R C N V J M F
L J N Y U I N M P B C A И M И F
A E N I L E S I K P K A M E N E
M И И T N A K L U V Y P N D O K
N K J T U E A G O E P D M C A S
B L E A V R J M U J I C L A K K
P L A T O Z B L И I O F A V K O
K I L G Y E Z A P Z Z E R A A N
P S A S F Z P P V O S N O L V T
J O T P B G M J O R T L K R E I
A F S A N F R P C E D S A K R N
I T I T K A L A T S N H A D N E
H P R I Z J E G A A И K K R A N
K A K Z E M L J O T R E S V S T
```

ZEMLJOTRES
KALCIJUM
KONTINENT
EROZIJE
FOSIL
GEJZIR
RASTOPLJENI
KAVERNA
KORAL
KRISTALA

KVARC
SLOJ
LAVA
PLATO
STALAKTIT
KAMEN
VULKAN
ZONI
SO
KISELINE

25 - Specerijen

```
K F D I O K U L P U U S C T P G
A K R M G A S I N A G Z R J S N
R P F I G R E B I B P O S U F K
D T O K T A L S R C S R R R A O
A K У И N N I S A И J U I K E M
M M H R P F N B K P J И B K A O
O Z F D H I A A E G E И M A A R
M L R Z P L V G Z L C Z U B P A
K U M I N I L I B T I M Đ G C Č
T U H И L Ć S F U S R L И B I A
B D A J E A N U F J E Y U C M H
C M И A P O S K J J M K F K E S
H B M U C C N U T A R Z Y P T P
I U B И B O V S Y A U K N E C M
K B N G L P U B И D T Z A B D U
K O R I J A N D E R Š A F R A N
```

ANISA	TURMERIC
GORKA	PAPRIKA
ĐUMBIR	BIBER
CIMET	ŠAFRAN
KARDAMOM	UKUS
KARI	LUK
BELI LUK	VANILE
KUMIN	KOMORAČ
KORIJANDER	SLATKO
KARANFILIĆ	SO

26 - Groenten

```
J Y T Z R J H F J D И S P S D B
P G E Y B E L I L U K P A L B U
И A A V I J L G V M U A T G A N
A K R K C Y C E K S L N L U F D
A Š N A R T D C C A N A I P Š E
A A T И D A E A J L T Ć D H A V
K R Z Y H A S S G A J S Ž U R E
P G V P J N J T Y T S B A B G C
A D U E G I V Z A A A И N N A Z
L R A R F L A C I V K T O R R M
N И V Š F S J И O E A T L P E P
F B C U R A R E P A D C Š Z P O
G A F N J M V И Z A B C A T A Y
B R O K O L I S P B P Z L F L V
U Z B B I Đ U M B I R U O H N S
E K И И A R T I Č O K E A T F T P
```

ARTIČOKE	BUNDEVE
PATLIDŽAN	REPA
BROKOLI	ROTKVICA
GRAŠKA	SALATA
ĐUMBIR	CELER
BELI LUK	ŠALOT
KRASTAVAC	SPANAĆ
MASLINA	PARADAJZ
GLJIVA	LUK
PERŠUN	ŠARGAREPA

27 - Archeologie

```
P Z U I F E R E Z F И D K A P O
O A N M R B J G H B A P O N R B
T B M E A C I N B O R G S A O J
O O N P G I И S N P L I T L F E
M R C A M I S B P E R V I I E K
A A P B E K I T N A P O Y Z S T
K V T Y N O U S R G I O C A O E
C I N И T H G V E A L S Z E R L
V O K L I S O F P J Ž T G N N L
T I M I A F F F T I И I V D A A
R E L I K V I J A R H U V F U T
F E K S P E R T O E K C T A I G
E F Z B Z L S H A T Y N H E Č M
T U L H R A M И P S U P U V C E
U И Z E J I C A Z I L I V I C M
T O S P A I J R I M N V C A I F
```

ANALIZA
CIVILIZACIJE
KOSTI
EKSPERT
PROCENA
FOSIL
FRAGMENTI
GROBNICA
MISTERIJA
POTOMAK

OBJEKTE
NEPOZNAT
ISTRAŽIVAČ
ANTIKE
PROFESOR
RELIKVIJA
TIM
HRAM
ERE
ZABORAVIO

28 - Ziekte

```
R D C M E J M T S Y L S R B I V
O V N L B T N Z M T J S B A L S
A N A J I T A P O R U E N K M A
K N N A Y U P L R B И N A T G S
S A P B M F A P D U L D Z E H C
Z D R A V L J E N Š K E C R S A
I A S V A P A E I N N L A I T O
M K D P J L S B S J J S H J D S
U U N Y I H E N Z A R A Z A S H
N T N I P H R R A C O N T E L O
I N N A A E Z O G I J J P И E N
T I V H R A S U N I S K B E S V
E F U O E A V B L I J Y O O B И
T F N K T U P A L U Č E A S L K
G E N E T S K E V A A N G F T S
R E S P I R A T O R N A E P P I
```

AKUTNI
RESPIRATORNA
ALERGIJE
BAKTERIJA
ZARAZNE
KOSTI
TRBUŠNJACI
HRONIČNE
NASLEDNE
GENETSKE

ZDRAVLJE
SRCE
IMUNITET
TELO
NEUROPATIJA
UPALU
SINUSA
SINDROM
TERAPIJA
SLAB

29 - Mythologie

```
S  O  C  T  P  U  T  H  E  K  F  H  T  O  J  P
F  M  P  P  O  A  F  E  A  D  G  E  T  R  H  O
J  E  R  O  M  O  B  U  J  L  V  R  H  R  E  N
O  E  H  T  S  J  H  R  P  N  K  O  C  G  R  A
D  V  U  D  N  S  И  C  A  И  A  J  F  A  O  Š
A  U  U  D  A  I  I  R  S  T  I  R  G  N  I  A
Č  U  D  O  V  I  Š  T  E  S  N  U  A  I  N  N
L  A  V  I  R  I  N  T  B  N  G  I  A  V  A  J
M  U  N  J  E  Z  S  M  E  A  V  B  K  A  T  E
P  A  C  И  L  J  Y  V  N  G  G  P  B  J  E  S
A  R  H  E  T  I  P  S  A  E  M  O  D  L  V  Z
E  U  K  A  T  A  S  T  R  O  F  E  H  M  S  C
L  T  S  O  N  T  R  M  S  E  B  C  C  R  O  V
P  L  D  U  L  E  G  E  N  D  A  M  V  G  G  I
Y  U  S  T  V  O  R  E  N  J  E  P  Z  D  Y  A
A  K  N  B  C  Z  A  D  L  V  V  S  E  P  R  T
```

ARHETIP	LJUBOMORE
MUNJE	SNAGE
STVARANJE	RATNIK
KULTURA	LEGENDA
GRMLJAVINA	ČUDOVIŠTE
LAVIRINT	BESMRTNOST
PONAŠANJE	KATASTROFE
HEROJ	SMRTNI
HEROINA	STVORENJE
NEBESA	OSVETA

30 - Eten #1

```
Y K V K N K G S K R U Š K E S V
R O N U M I L B O Z V G U H O A
F R Y A A K E L M K M Y N J F P
C E P И Č I K A J S I J E И I D
U F A P E R A G R A Š P I C Z K
F N P O J I E U E S S A B A K R
F L U Y A K S A H E F P S S H F
Z J S F P I R A Y M A И A H A A
B E L I L U K R L H S T D N C U
J A G O D A A E M A P N E Y A P
T B F U F T J Ć J R T O O A U Ć
C I M E T H L E D P P A T B I N
Z C U G Y S I Š K A A P B S B A
D F U L N O S C E R U B O J H T
P A N U T P O H B S D И S И I C
E A P K Z Y B G U T H A B N И P
```

JAGODA	SALATA
KAJSIJE	SOK
BOSILJAK	SUPA
LIMUN	SPANAĆ
JEČAM	ŠEĆERA
CIMET	TUNA
BELI LUK	LUK
MLEKA	MESA
KRUŠKE	ŠARGAREPA
KIKIRIKI	SO

31 - Avontuur

```
Š M Y K K A T O P E L O F P V E
S A V O N V K Y A И S P O M I D
J A N F N O R T S O D A R P Z E
O H M S J Z И L I N U S S U N N
A O U R A A G E A V R A R T E T
A U T Y M Z E K A E N N M U N U
T J C J E I Ć P V J L O B J A Z
S I G U R N O S T I D Y S E Đ I
O C H K P T K K P Z U D И T U J
R A P P I F Š A И R C V C B J A
B G Y D R P E Z F U I I B N U Z
A I H A P G T E N K A R I D Ć A
R V M M Y E L P S S C B O G E M
H A I I A I L B B K F O И D D V
O N Č I B O E N I E D R Y O A U
K E I O D R E D I Š T E P G M Z
```

AKTIVNOST	NOVA
ODREDIŠTE	NEOBIČNO
ENTUZIJAZAM	PUTUJE
EKSKURZIJE	LEPOTA
OPASAN	IZAZOVA
ŠANSA	SIGURNOST
HRABROST	IZNENAĐUJUĆE
TEŠKOĆE	PRIPREMA
PRIRODA	RADOST
NAVIGACIJU	

32 - Restaurant #2

```
V V F R S K A T I P A N R A H Z
O I D K P A T R O T N S E I F A
Ć L S C Y Č L R G G И F N F B E
E J C A D U N A P U S T L M H E
Ć U Z J H R V O T J F H E A И V
R Š R S S G O I P A H K K C L F
V K M T O P D R E Z A N C I P O
O A R B S M A D A I J M B L F Z
P D U K U S N O Y Y A U И O K T
L G R V L T G K A Y J T E T C O
И E B I P D I J I И Z A I S U Y
G U D Y I H Y O A M A R K Y R D
O U T A Y C R D K F Č L K F D P
C E K И N A P K F S I Z L O Z I
T E V E Č E R A N E N I E F A O
Y J P G K A Š I K A I I B C V B
```

TORTA
VEČERA
NAPITAK
JAJA
VOĆE
POVRĆE
UKUSNO
LED
KAŠIKA
RUČAK

REZANCI
KELNER
SALATA
SUPA
ZAČINI
STOLICA
RIBE
VILJUŠKA
VODA
SO

33 - De Media

```
I  J  M  R  J  U  O  B  I  M  M  Č  I  Č  P  Y
N  R  G  U  J  T  B  M  N  Y  I  I  N  A  U  T
L  O  A  A  P  T  R  G  T  F  Š  N  D  S  L  R
A  L  V  J  C  T  A  H  E  K  L  J  U  O  Y  J
T  M  O  I  A  M  Z  I  L  H  J  E  S  P  O  H
I  R  V  C  N  J  O  Z  E  P  E  N  T  I  G  T
G  E  A  A  I  E  V  D  K  K  N  I  R  S  C  E
I  Ž  T  K  D  D  A  A  T  J  J  C  I  I  U  L
D  A  S  I  E  H  N  N  U  R  E  E  J  M  I  E
И  S  E  N  J  E  J  J  A  Y  N  V  A  A  R  V
E  C  D  U  O  C  E  E  L  E  A  И  G  F  O  I
E  R  I  M  P  H  E  L  N  D  N  P  S  J  G  Z
M  D  U  O  Y  Y  K  P  E  D  O  I  D  A  R  I
C  J  G  K  L  O  K  A  L  N  I  A  L  V  V  J
K  O  M  E  R  C  I  J  A  L  N  I  V  N  P  A
F  I  N  A  N  S  I  R  A  N  J  E  H  I  O  K
```

KOMERCIJALNI	NOVINE
KOMUNIKACIJA	LOKALNI
DIGITALNI	MIŠLJENJE
IZDANJE	MREŽA
ČINJENICE	OBRAZOVANJE
FINANSIRANJE	ONLINE
STAVOVA	JAVNI
POJEDINAC	RADIO
INDUSTRIJA	TELEVIZIJA
INTELEKTUALNE	ČASOPISIMA

34 - Bijen

```
K  M  I  F  K  K  O  R  I  S  T  A  N  V  R  F
G  O  U  И  Č  F  D  I  M  F  R  T  U  O  O  B
J  Y  Š  A  A  I  U  D  K  H  N  Š  B  S  J  Z
H  F  V  N  V  T  S  Y  Z  I  И  A  D  A  C  H
T  S  O  K  I  L  O  N  Z  A  R  B  H  K  F  P
И  A  И  U  Š  C  Z  C  Y  F  T  B  R  A  Z  A
O  M  F  P  A  V  E  V  T  Z  N  K  A  N  A  R
M  G  L  H  R  O  Ć  E  Ć  O  V  R  N  M  H  P
E  E  B  T  P  S  E  T  C  H  D  A  A  N  I  U
T  U  D  C  O  U  V  I  V  B  S  L  L  G  V  J
S  P  R  D  M  Z  C  S  I  H  Z  J  N  I  I  D
I  N  S  E  K  T  D  U  J  O  D  I  P  J  R  D
S  E  R  Z  K  U  K  N  J  C  J  C  R  И  S  K
O  L  A  S  V  K  P  C  Y  E  Y  A  C  C  G  A
K  O  I  A  A  A  K  E  S  T  A  N  I  Š  T  E
E  P  J  E  R  C  V  G  V  G  M  N  E  S  Z  T
```

OPRAŠIVAČ   KRALJICA
KOŠNICE   DIM
CVEĆE   POLEN
CVET   BAŠTA
RAZNOLIKOST   KRILA
EKOSISTEM   HRANA
VOĆE   KORISTAN
STANIŠTE   VOSAK
MED   SUNCE
INSEKT   ROJ

35 - Wandelen

```
Ž  I  V  O  T  I  N  J  E  M  Z  I  Č  S  И  V
Y  C  V  Y  O  N  V  И  P  A  M  I  F  U  A  T
F  R  G  Y  R  A  D  A  D  O  V  T  C  N  P  A
Z  A  P  N  D  D  L  P  P  S  L  S  V  C  C  K
N  M  D  L  Z  E  A  И  O  G  R  O  C  E  S  F
A  O  S  L  A  J  L  V  I  D  H  N  Ž  M  O  A
M  K  I  F  I  N  Y  V  J  P  N  S  B  A  E  G
S  A  M  I  T  E  I  O  Y  F  I  A  P  M  J  P
И  K  T  L  I  M  M  N  И  G  F  P  K  E  N  M
V  Š  U  K  C  A  A  O  E  A  V  O  K  R  A  P
J  E  I  U  U  K  P  G  D  S  H  D  Y  P  V  M
R  T  I  K  M  G  A  D  A  O  И  L  B  I  O  A
P  U  F  V  P  O  M  B  T  C  U  R  B  R  P  U
H  E  P  G  N  E  R  S  S  A  Z  B  A  P  M  H
A  T  K  T  S  V  N  A  M  I  L  K  N  A  A  E
P  R  I  R  O  D  A  A  N  E  M  P  O  B  K  T
```

PLANINE	PRIRODA
ŽIVOTINJE	POLOŽAJ
OPASNOSTI	PARKOVA
MAPA	KAMENJE
KAMPOVANJE	SAMIT
KLIF	PRIPREMA
KLIMA	VODA
ČIZME	DIVLJA
UMORAN	SUNCE
KOMARCI	TEŠKA

36 - Ecologie

```
O  L  R  A  H  V  I  Ž  R  D  O  E  A  H  F  R
R  P  C  R  K  R  S  T  A  N  I  Š  T  E  A  A
A  И  S  E  P  S  J  P  T  N  S  M  T  R  U  Z
Z  V  P  T  E  T  E  I  U  И  P  E  A  O  N  L
N  P  K  N  A  E  Š  U  S  A  J  J  A  L  E  I
O  P  U  O  R  N  V  И  M  P  N  Z  M  F  Z  Č
L  P  I  L  A  U  A  G  L  O  B  A  L  N  O  I
I  Z  V  O  V  H  I  K  S  R  O  M  D  F  B  T
K  K  K  V  Č  V  E  G  E  T  A  C  I  J  E  E
O  B  L  C  O  Z  G  J  O  N  D  O  R  I  R  P
S  F  I  I  M  A  Z  B  И  E  O  A  Y  L  A  Y
T  F  Z  L  M  T  R  F  O  U  R  P  I  B  P  U
N  Y  C  D  J  A  M  J  M  B  I  R  U  S  J  И
H  M  P  K  S  K  B  C  T  C  R  C  D  L  O  H
C  E  C  I  N  D  E  J  A  Z  P  K  B  Z  H  J
O  M  D  K  P  L  A  N  I  N  E  F  D  Z  N  J
```

PLANINE
RAZNOLIKOST
SUŠE
ODRŽIV
FAUNE
FLORE
ZAJEDNICE
GLOBALNO
STANIŠTE
KLIMA

MORSKIH
MOČVARA
PRIRODA
PRIRODNO
OPSTANAK
BILJKE
VRSTE
RAZLIČITE
VEGETACIJE
VOLONTERA

37 - Biologie

```
H O L E P J U N T Z V B E R A G
O S K J V R P C E N E R V A N E
R M Z N K O I C B U P M G N A N
M O J A J M L R K U R P Y E T Z
O Z P S A U L U O P A O V G O I
N E T I T C L C D O Y N A M M
L G K D R A I I Z I N G S L I O
U K Y A O C L Ć E F J O I O J Z
Y V M A I I G E H G И E S K E O
L G Y O D J F L R L D Z A P U M
B P O Y V E M I N S K O R B U O
R E P T I L E J F M N I G N N R
S I N A P S E U F P C B J B B H
P R O T E I N A Z G P M K M J E
F O T O S I N T E Z A I L V U V
E M B R I O N A Y J H S H E Z L
```

DISANJE	HORMON
ANATOMIJE	MUTACIJE
ĆELIJU	PRIRODNO
HROMOZOM	NEURON
KOLAGENA	OSMOZE
PROTEINA	REPTIL
EMBRION	SIMBIOZE
ENZIM	SINAPSE
EVOLUCIJE	NERVA
FOTOSINTEZA	SISAR

38 - Landen #1

```
A J I N U M U R M R P H K B И A
A P A Z K A M B O D Ž E U Z R Y N
F L R F B M И O K H J A J A M M
L A A P P Z B K M Z O Z Y Z P C
P Z E A Y I B O J I P C M I Z E
A K L G P P T R E A Z U S L A A
A K Č A M E N A V G A R A K I N
K B D V P L D M L A G E N E S L
Š R E И O L Y L I C R Š L I I
E J A L K A N A D A J V P I R B
V G P C G G H Y Z M Z A A Č A I
R D I I M I K P И A K D N Z K J
O A N P J R J B S N M M I D N A
N R V T A B E I A A A P J M R P
I C D J Y T Z V P P P P A R N A
P O L J S K A L E T O N I J A C
```

BELGIJI
BRAZIL
KAMBODŽE
KANADA
ČILE
NEMAČKA
EGIPAT
IRAK
IZRAEL
ITALIJA

LETONIJA
LIBIJA
MAROKO
NIKARAGVA
NORVEŠKA
PANAMA
POLJSKA
RUMUNIJA
SENEGAL
ŠPANIJA

39 - Installaties

```
B U R J L L A P R D U T B K P G
A L Y U A O B I J A G P G A A B
Š T P C H J G G P P B V N K S I
T B Y K S N Z H R R B H E T U J
A E J I C A T E G E V A G U L S
H G F И M E R B A P P M S J P
B D И M R U V B A R S V R B S L
F T A N P Š C U J H Š I G I U S
Y D R V O J L I Š Ć E L V T E S
M A H O V I N A H A B G J F K L
I V S N D M E P B E Y K R A I I
N A G I H Y R V H E R O L F N S
J R P A R N O C H G R U S D A T
N T G A D L K L E R Y R S Y T A
Đ U B R I V A O R F D Y I D O F
L S P A B N G O P R P K G K B C
```

BAMBUS	TRAVA
BERRI	BRŠLJAN
LIST	HERB
CVET	ĐUBRIVA
DRVO	MAHOVINA
PASULJ	BOTANIKE
ŠUMA	GRM
KAKTUS	BAŠTA
FLORE	VEGETACIJE
LIŠĆE	KOREN

40 - Agronomie

```
H  I  N  L  A  R  U  R  S  S  A  Z  P  E  C  P
D  R  E  V  R  P  I  A  C  E  J  D  Đ  N  N  O
P  N  A  И  Y  V  F  И  R  M  N  D  U  E  Z  L
T  O  A  N  A  F  A  U  P  E  E  L  B  R  I  J
V  S  V  R  A  F  И  N  O  H  Đ  И  R  G  P  O
R  A  O  R  I  I  Y  Z  D  I  A  Y  I  I  E  P
P  E  H  E  Ć  A  M  G  A  S  G  H  V  J  J  R
D  J  D  V  C  E  A  E  K  U  A  N  A  A  I  I
L  I  Y  G  J  F  E  A  T  D  Z  Y  Y  A  Z  V
L  G  N  L  И  H  K  I  K  S  N  A  G  R  O  R
V  O  D  A  J  N  D  O  V  Z  I  O  R  P  R  E
I  L  O  K  R  U  Ž  E  N  J  U  S  O  M  E  D
Ž  O  B  O  L  E  S  T  I  L  K  N  S  U  S  E
R  K  И  C  B  J  L  I  D  V  R  J  M  Z  Z  C
D  E  J  N  A  V  I  Ž  A  R  T  S  I  N  I  N
O  E  P  R  J  J  J  J  A  G  E  И  R  A  S  T
```

ODRŽIV	ISTRAŽIVANJE
EKOLOGIJE	ORGANSKI
ENERGIJA	PROIZVODNJA
EROZIJE	SISTEMI
RAST	ZAGAĐENJA
POVRĆE	HRANA
POLJOPRIVREDE	VODA
RURALNIH	NAUKE
ĐUBRIVA	SEME
OKRUŽENJU	BOLESTI

41 - Oceaan

```
Z  B  P  O  J  M  S  U  N  Đ  E  R  A  Š  T  A
K  M  Y  I  И  Y  C  I  F  V  A  P  L  К  И  J
S  O  S  A  T  J  T  U  N  A  E  E  G  A  E  K
J  N  R  H  O  B  O  T  N  I  C  E  E  M  I  U
O  E  C  N  Y  D  E  L  F  I  N  T  I  P  И  L
S  B  G  Y  J  C  R  B  G  P  O  И  A  I  N  A
T  E  E  U  C  A  M  A  Č  L  Y  L  C  M  G  Z
R  R  B  B  L  V  Č  Z  R  I  V  A  U  B  Y  U
I  G  J  N  E  J  N  A  R  M  C  R  A  J  V  D
G  M  J  H  A  A  A  B  A  E  A  O  G  I  A  E
A  Z  T  M  R  G  H  A  K  M  K  K  H  И  H  M
A  O  E  P  I  Z  A  R  Z  L  K  J  V  T  K  K
I  R  A  M  B  D  B  K  B  Z  P  P  K  S  O  L
V  T  I  D  E  Y  I  V  K  A  Y  R  A  E  E  B
U  P  A  O  B  U  L  P  F  I  O  O  R  Y  R  И
N  F  P  P  P  S  K  I  T  R  V  P  Y  K  Z  K
```

JEGULJA	HOBOTNICE
ALGE	OSTRIGA
ČAMAC	GREBEN
DELFIN	KORNJAČA
ŠKAMPI	SUNĐER
PLIME	OLUJA
AJKULA	TUNA
KORAL	RIBE
KRABA	KIT
MEDUZA	SO

42 - Landen #2

```
A M U A F A C Z A P I N E P A L
R A D G O H V T T L N S P A J A
Z L P A A P F S B E D L F A I B
I E Z U N N A P A J O M K N R I
M Z M R J S D Y F I N Z E Z E A
B I A E A E K I И R E K Č R G V
A J K K K E O A A E Z O R E I N
C A K S F S O A L B I P U I N H
A Y E U A E I A N I J A R K U B
K C И C R N S K A L A L C Z U P
R G Y N A B I L O C V И И K N I
U F K A K H И F A T A Y F E A G
J Z K R S V J G A Z A J N R P O
F L T F R U S I J A J J P T T J
P E E J I P O I T E J I R I S O
K E N I J A S O M A L I J E B U
```

DANSKA	LIBERIJE
ETIOPIJE	MALEZIJA
FRANCUSKE	MEKSIKO
GRČKE	NEPAL
IRSKA	NIGERIJA
INDONEZIJA	UGANDI
JAPAN	UKRAJINA
KENIJA	RUSIJA
LAOS	SOMALIJE
LIBAN	SIRIJE

43 - Bloemen

```
A K S Z C L D U L V H M J И J P
H P S V D P A M A K A A A R O A
P J A L I K J T J I Ž S S L R S
D G S U K S I B I H U L M I G S
L A E P V E R H N C R A I L O I
I A A N I L E T E D A Č N I V O
A Z V A G Z M U D P G A И I A N
C M F A J E U L R U K B B N F
E J P N N P L I A B U K E T K L
B U I H D D P J G A C O D G F O
P O L A L A E J I L O N G A M V
D K Ž O R H I D E J A J U A S E
H Y O U D E J Z I Z Y G D И N R
U B B C R S U N C O K R E T S J
D G Z A R J M P I C Y P Z P L A
U P Y Z N H V N V A Z C T D K H
```

LATICA   MAGNOLIJE
BUKET   ORHIDEJA
GARDENIJA   MASLAČAK
HIBISKUS   MAKA
JASMIN   PASSIONFLOVER
DETELINA   BOŽUR
LAVANDE   PLUMERIJA
LILI   RUŽA
JORGOVAN   LALA
DEJZI   SUNCOKRET

44 - Landschappen

```
B Z И O M Z E V O H J T Y Y A
G R P U K F U Y S J G E Z A O J
R B Z L E R O M A R I Z J E G L
U U O N A D O L I N I E V D O I
I O I J N I T S U P E R D N U T
M O Č V A R A P H N A O I A T Z
P E Ć I N E P G L H V C C K H D
M I P O S T R V O A R E H L Y P
G S O L J V D C R H N D B U B R
B K K D A P O D O V J I Z V R M
P R O И U Ž C C Y Y L Y N K E V
C E D S N S A N P F F Y И E K L
V Č A O P O L U O S T R V O E R
V E L E D E N O G B R E G A V M
G L S U A I Y D T Y R E R S I Y
J G G И S J V И I D C E T D D U
```

PLANINE   OKEAN
OSTRVO   REKE
GEJZIR   POLUOSTRVO
GLEČER   PLAŽA
PEĆINE   TUNDRE
BRDO   DOLINI
LEDENOG BREGA   VULKAN
JEZERO   VODOPAD
MOČVARA   PUSTINJI
OAZE   MORE

45 - Tuin

```
P H G P C I N P E V V V U P A A
T O E L P Y K C M A И I O И I A
P R И I M И H P T Y R S U R P C
Z P A U A И F K O Y J E V S O P
K J P V T B R C V E Ć D T Y K
A V U A A B B A И H Z A D Y P A
N I L O P M A R T J E Z E R U H
A T K V O R Š Ž K L H G T I I C
T И T E L G T Z A U H P E C J F
R G N R J H A P J R G R R P U A
E Y Z C D R V O N B A A A A V E
M O G R A D E P V A H G S C И L
V O Ć N J A K P A I I K A R И N
G R A B L J E Y R A I Y S I B A
G R T E Y I N O T S T R Z P L H
B A C D E U O B A R Z V A J N T
```

KLUPA	KOROV
CVET	LOPATA
DRVO	CREVO
VOĆNJAK	GRM
GARAŽA	TERASA
TRAVNJAK	TRAMPOLIN
TRAVA	BAŠTA
VISEĆA	TREM
GRABLJE	JEZERU
OGRADE	VAJN

46 - Beroepen #2

```
I  M  E  M  N  И  R  N  Z  J  Z  D  A  B  K  M
P  T  T  E  E  O  T  Y  H  C  U  E  A  Y  P  I
K  H  A  V  I  F  V  R  T  G  B  T  E  O  E  P
F  Č  Y  J  L  E  T  I  Č  U  A  E  P  O  L  H
F  A  R  G  O  T  O  F  N  F  R  K  R  Z  Y  K
P  V  R  A  K  E  L  M  T  A  Z  T  M  F  P  B
M  I  L  M  P  U  I  G  R  U  R  I  H  E  J  A
Z  Ž  O  И  E  И  P  B  O  F  G  V  H  A  K  Š
V  A  L  L  O  R  L  I  N  G  V  I  S  T  A  T
I  R  I  N  Ž  E  N  J  E  R  A  K  I  L  S  O
A  T  U  A  N  O  R  T  S  A  I  E  G  I  C  V
G  S  И  A  N  I  B  I  O  L  O  G  M  O  I  A
D  I  I  L  U  S  T  R  A  T  O  R  K  D  E  N
P  U  M  P  И  Y  S  V  J  F  I  L  O  Z  O  F
Z  B  I  B  L  I  O  T  E  K  A  R  M  A  M  C
P  R  O  N  A  L  A  Z  A  Č  V  I  N  J  Y  T
```

LEKAR	INŽENJER
ASTRONAUTA	NOVINAR
BIBLIOTEKAR	UČITELJ
BIOLOG	LINGVISTA
FARMER	ISTRAŽIVAČ
HIRURG	PILOT
DETEKTIV	SLIKAR
FILOZOF	ZUBAR
FOTOGRAF	BAŠTOVAN
ILUSTRATOR	PRONALAZAČ

47 - Dagen en Maanden

```
T  J  D  N  I  J  L  P  F  H  A  B  S  S  U  R
R  M  Z  I  P  B  V  L  U  R  T  Y  E  K  J  U
E  B  E  U  K  V  O  H  Z  B  Y  H  Y  A  B  M
A  T  O  B  U  S  D  R  R  Š  P  R  Z  L  U  J
P  R  H  V  L  Z  O  K  A  T  R  V  T  E  Č  J
R  A  B  M  E  V  O  N  B  S  A  A  T  N  N  U
I  U  T  O  R  A  K  Z  M  U  B  G  M  D  E  N
L  K  S  D  Z  P  I  L  E  G  O  A  И  A  D  B
J  A  N  U  A  R  D  S  T  V  T  N  Z  R  E  A
M  T  L  E  F  S  P  P  A  K  H  B  Z  L  P
Y  E  N  G  J  Y  V  H  E  T  O  U  V  N  J  G
P  P  S  J  R  C  K  S  S  H  Y  U  N  S  A  O
A  C  G  E  T  P  O  N  E  D  E  L  J  A  K  D
C  P  I  I  C  H  U  I  L  E  Y  P  B  A  J  I
И  N  R  P  R  A  U  R  B  E  F  H  G  K  O  N
Z  Y  T  A  U  S  R  E  D  A  H  F  G  O  H  A
```

APRIL	MESECA
AVGUST	PONEDELJAK
UTORAK	MARŠ
ČETVRTAK	NOVEMBAR
FEBRUAR	OKTOBAR
GODINA	SEPTEMBAR
JANUAR	PETAK
JUL	NEDELJA
JUN	SREDA
KALENDAR	SUBOTA

48 - Beeldende Kunsten

```
I  P  Я  A  J  Z  O  J  J  S  O  P  A  F  M
F  G  N  A  O  E  F  K  T  Z  G  Я  E  R  O  A
B  I  O  R  K  N  R  N  V  E  B  M  R  H  T  I
S  R  L  U  M  E  T  N  I  K  J  A  S  I  O  P
A  E  B  M  G  A  R  F  L  D  J  L  P  T  G  D
S  M  A  E  R  U  T  P  L  U  K  S  E  E  R  B
T  E  Š  N  A  I  E  K  R  E  D  E  K  K  A  L
A  K  I  I  J  Y  R  I  K  O  R  K  T  T  F  Z
V  D  S  L  L  M  T  M  A  F  N  N  I  U  I  Я
D  E  A  G  R  B  R  O  S  T  T  K  V  R  J  G
C  L  T  V  L  K  O  L  O  V  K  A  E  A  A  C
E  O  V  P  K  F  P  Z  V  E  K  A  J  G  P  R
S  L  I  K  A  R  S  T  V  O  T  T  L  D  I  A
K  R  E  A  T  I  V  N  O  S  T  M  A  A  R  L
Я  D  T  E  Я  K  M  H  R  R  J  Я  G  A  T  N
K  E  R  A  M  I  K  E  F  Y  V  J  U  V  E  S
```

ARHITEKTURA	KREDE
UMETNIK	REMEK-DELO
SKULPTURE	PERSPEKTIVE
KREATIVNOST	PORTRET
STALAK	OLOVKA
FILM	SASTAV
FOTOGRAFIJA	SLIKARSTVO
UGALJ	ŠABLON
KERAMIKE	LAK
GLINE	VOSAK

49 - Mode

```
M D G Č P B U A P I K E Y Y O S
I S A V I S R B A K N C И F R Y
N K E I P P V L I M F R Y D F P
I R J G O L K I T U B G M Y T D
M O C H A E A E C O L R H T R U
A M P O V O L J N I M И U O E G
L A S K U P O P T R A U Ć O N M
I N P C P L R S R G U Z E V D A
S S T I L N G E N A R E D O M D
T T P O O J B I B V K P O N C И
A K C O D H H Z E R U T S K E T
N A T N A G E L E O Y G I L S S
E N L A N I G I R O L P O Č P U
H I O J E D N O S T A V A N N L
G N A B O D U T Z L H E D A Y E
C A Z A R B O H C K B Y V S H R
```

SKROMAN
POVOLJNIM
VEZ
UDOBAN
SKUPO
JEDNOSTAVAN
ELEGANTAN
ČIPKE
ODEĆU
DUGMAD

MINIMALISTA
MODERAN
ORIGINALNE
OBRAZAC
PRAKTIČNE
STIL
TKANINA
TEKSTURE
TREND
BUTIK

50 - Tuinieren

```
C K S E Z O N S K I K P U A S P
M V E Z E K E A И V M L C L E R
U B E I D A O J P B B J I L M L
E O E T S R V N Y Z A C И M E J
A T V E N Z E O T J R V P A A A
Z A O K И I R E S E Y E A O J V
Y N Ć U D Z C G O J J T F E L Š
J I N B R P L Z P L U N E J M T
E Č J V O D A O M E C S E E E I
S K A И Z L A T O E L A M R Z N
T I K Y V I Y I K M V U B H T E
I E D U L Š Y Č L I S T Y I U R
V A K S A Ć R N C H A A B U T A
O P P C G E M E U V R H I M O P
F G A U E F Y J S I K A J O R L
T Y S B A Z C F R И P V F D И M
```

LIST	EGZOTIČNE
CVETNI	LIŠĆE
CVET	KLIMA
ZEMLJA	SEZONSKI
BUKET	CREVO
VOĆNJAK	VRSTE
BOTANIČKI	VLAGE
KOMPOST	PRLJAVŠTINE
KONTEJNER	VODA
JESTIVO	SEME

51 - Menselijk Lichaam

```
S Y O N E L O K S B P H H M T C
T A R V M M A Ž O K I Z E J P A
O A R H M H P K N C K L F O U M
M B И M B O U A A V A L G I U V
A D A R B P O M K T Z L V R N
K P B O L G Z I N Č O K S R C E
I S O C U A N A P A M P Z U F C
P D И A V G N P R A R A M E Z I
K R V R O Z O G S P O O И I B L
A F C U B T L N T S L K P T M I
J O U K K B A H D P M H G V P V
D M C A K A P И B A O I P G H J
M A И И D I S Y S G O K E N D Y
V J I Y A F A M I R C O R Y D P
A S K P A F Z H J J Z J F Y J J
P M A Z Z P J L P Z F V M A E J
```

NOGU	BRADA
KRV	KOLENO
LAKAT	STOMAK
SKOČNI ZGLOB	USTA
RUKA	VRAT
SRCE	NOS
MOZAK	UVO
GLAVA	RAME
KOŽA	JEZIK
VILICE	PRST

52 - Energie

```
Z  J  Z  C  J  B  Z  U  J  N  E  Ž  U  R  K  O
B  A  R  C  G  M  C  C  M  O  N  B  E  O  E  E
A  D  G  J  L  K  P  L  B  T  R  E  L  T  N  T
T  J  G  A  E  I  G  E  J  O  A  N  E  O  T  M
E  A  A  A  Đ  N  D  M  J  F  E  Z  K  M  R  P
R  R  N  Y  T  E  R  A  P  E  L  I  T  D  O  N
I  S  V  A  E  J  N  Z  E  T  K  N  R  Y  P  A
J  O  U  O  I  L  A  J  O  O  U  P  O  A  I  J
E  Y  M  C  I  G  T  I  A  L  N  R  N  F  J  I
G  S  I  R  P  U  K  V  N  P  D  И  B  И  E  R
V  O  D  O  N  I  K  P  H  O  D  O  B  I  A  T
I  A  R  K  M  F  И  U  K  T  A  I  P  B  N  S
O  B  N  O  V  L  J  I  V  E  И  I  Z  P  B  U
E  L  E  K  T  R  I  Č  N  I  K  Z  L  E  F  D
V  E  T  A  R  M  K  G  O  R  I  V  O  R  L  N
И  K  R  B  S  T  И  L  F  S  S  G  T  B  K  I
```

BATERIJE	UGLJENIK
BENZIN	MOTOR
GORIVO	NUKLEARNE
DIZEL	OKRUŽENJU
ELEKTRIČNI	PARE
ELEKTRON	TURBINU
ENTROPIJE	ZAGAĐENJA
FOTON	TOPLOTE
OBNOVLJIVE	VODONIK
INDUSTRIJA	VETAR

53 - Familie

```
M F V P B O D E T I N J S T V A
V A D E D R U G C L O A K И K C
V K J Z K Z A J P T T B E I A E
Z A A K G R K T C A A K Z A A D
E B Y P A T U E O I C D C A J D
D H S B F G N S E S T R A O K N
N E Ć A K T U Y И M K J U V T E
V K A B U E P R L И K U J A K Ć
F S G U N T E P P T A Y D I A A
L N И M U K C V V U N H E T D K
T I T H A A P S V A S D N K E I
И Č H B T D Y M Ć S P P P D R N
P O H И H S A H E T E D P T P J
T F A G C F K G R P A O R K U A
A F U Z O Y Z Z K V I E И I R R
Y A H H M U Ž P A F K G E И I S
```

BRAT
ĆERKA
BAKA
DETINJSTVA
DETE
DECA
UNUKA
UNUK
MUŽ
MAJKA

NEĆAK
NEĆAKINJA
UJAK
DEDA
TETKA
OTAC
OČINSKE
PREDAK
SUPRUGA
SESTRA

54 - Gebouwen

```
Š K O L A I U N E L J U S O B P
Z Y L И L Z C F И E R N A T S I
A C M A C O F E I B U I M R A F
A T Z T S B H T U P Y V E P T S
P A P J F L O T T M L E T O H U
S T A D I O N A F E T R Š K Z P
F B A Z I H Y K A M A Z I S V E
B A L C A E R I K P F I R O N R
O T B D P A E И A Y И T O I Z M
L G D R O T A Š T C D E Z B V A
N T N A I K N C T V C T O E L R
I P S B K K I K F L C D P F F K
C R V M V J E Z U M Z O P J L E
A И U A J I R O T A R O B A L T
K U L A O C S K H S L E A R L A
K A B I N E D A S A B M A B И R
```

AMBASADE   ŠKOLA
STAN   AMBAR
BIOSKOP   STADION
FARMI   SUPERMARKETA
KABINE   ŠATOR
FABRIKE   POZORIŠTE
HOTEL   KULA
ZAMAK   UNIVERZITET
LABORATORIJA   BOLNICA
MUZEJ

55 - Kunst

```
I  Y  Z  R  C  P  A  T  E  M  A  H  H  F  A  I
Z  O  D  И  N  И  O  T  V  J  C  J  K  D  P  N
R  P  U  N  N  H  A  R  A  V  F  A  I  Y  R  S
A  P  O  E  Z  I  J  E  T  D  U  S  S  S  S  P
Z  D  S  M  P  J  B  A  S  R  N  C  D  E  E  I
K  O  M  P  L  E  K  S  A  D  E  K  I  L  S  R
V  I  Z  U  E  L  N  I  S  H  R  T  T  O  S  I
Z  J  Z  Z  H  O  B  V  И  G  K  A  I  R  K  S
A  E  J  N  E  Ž  O  L  O  P  S  A  R  I  U  A
T  F  P  L  I  H  T  Z  T  P  I  J  O  G  L  N
N  A  D  R  E  A  L  I  Z  A  M  G  V  I  P  A
S  G  N  A  M  L  O  B  M  I  S  U  T  N  T  S
M  M  P  K  I  N  I  E  A  U  T  C  S  A  U  G
P  M  M  H  G  O  Z  Č  G  P  I  U  I  L  R  A
Y  N  A  V  A  T  S  O  N  D  E  J  R  N  E  L
G  J  I  L  P  D  E  K  Č  I  M  A  R  E  K  U
```

SKULPTURE
KOMPLEKS
STVORITI
JEDNOSTAVAN
ISKREN
INSPIRISAN
RASPOLOŽENJE
KERAMIČKE
TEMA
ORIGINALNE

LIČNI
POEZIJE
PORTRET
SASTAV
SLIKE
NADREALIZAM
SIMBOL
IZRAZ
VIZUELNI

56 - Beroepen #1

```
A T S I T R O P S F U И G A A
H M A S T R O N O M U D J Y B S
N U B F D M C P F A H V J A S M
N G S A M U Z I Č A R O Z J P U
F D R R S C S D R H F K G V I K
A C N G L A Z E C C L A Y E J F
C D G O Y S D P S P P T U T A A
L S C T C A V O L T P Z N E N R
A V H R G G F A R V R R K R I M
U D K A A O V E A A C A L I S A
E K P K U R F K T И K S L N T C
M C S E И T U E A B O E J A A E
K I N Č U A N D L I K L L R U U
M B P N M V Y V Z B A N K A R T
P L E S A Č I C A U R E D N I K
S C P S I H O L O G O L O E G U
```

ADVOKAT   LEKAR
AMBASADOR   UREDNIK
FARMACEUT   GEOLOG
ASTRONOM   LOVAC
SPORTISTA   ZLATAR
BANKAR   MUZIČAR
VATROGASAC   PIJANISTA
KARTOGRAF   PSIHOLOG
PLESAČICA   SESTRA
VETERINAR   NAUČNIK

57 - Antarctica

```
J Y E J I F A R G O E G M E A E
U Y A P C S B C И R T И I P D K
B D Z A A A T N E N I T N O K S
S M P S L G H R D B A H E E K P
P T P H B J C I A A U V R J N E
O B E J O G C R V Ž O K A N Y D
L M G E P C K M R T I B L A T I
U U T T M M B P T H J V A V V C
O A P P И R D C S H F G A U L I
S E J I F A R G O P O T R Č И J
T U J N E Ž U R K O A L P O M E
R A L G G L E Č E R A Y S K K G
V U H V N A U Č N E D D J P G I
O E J I C A R G I M H И O K H D
И Y И N L E D P F A S A N V L E
K N U I T E M P E R A T U R A L
```

BEJ
OČUVANJE
KONTINENT
OSTRVA
EKSPEDICIJE
GEOGRAFIJE
GLEČERA
LED
MIGRACIJE
MINERALA

OKRUŽENJU
ISTRAŽIVAČ
PINGVINI
ROKI
POLUOSTRVO
TEMPERATURA
TOPOGRAFIJE
VODA
NAUČNE
OBLACI

58 - Ballet

```
I G T U Y K K K N K L V H K P H
T I E F D N F O O P D N L A L D
O R K E S T A R M M A T I R E E
P Y Č K P S J J P P U O T D S R
R G I I И E Z E A K O Z S P A A
O Y N L C G U J V Ž M Z I A Č J
B V T B A P L A U Z A F I K A I
E J E U T E H N I K A R B T A F
И U M P B A L E R I N A Z U O A
K Z U R E T A E V T C U S I R R
P E A L V E Ž B A N I T Š E V G
D D G R A C I O Z A N U И E N O
O A I N T E N Z I T E T U U S E
V Z H R Z P J T P T P K Z F U R
P D И H G U F И Y V A И G M N O
M I Š I Ć A E P M I A L A O C K
```

APLAUZ
UMETNIČKE
BALERINA
KOREOGRAFIJA
KOMPOZITOR
PLESAČA
IZRAŽAJAN
GEST
INTENZITET
MUZIKA

ORKESTAR
VEŽBA
PUBLIKE
PROBE
RITAM
GRACIOZAN
MIŠIĆA
STIL
TEHNIKA
VEŠTINA

59 - Fruit

```
O I J A P A M M N U P Y B V S V
U I O A D E N A N A B G F J M P
V M K Y B Z A A K R U Š K E A O
R F B O P U E J N Š I V C S F M
I L A N S O K O K A B E R R I O
D I N J A G P A O U S J B G R R
E V N A E N A И H V F I R R E A
P I K V N A P N Y P G S E O И N
J K H O N M A D E Y V J S Ž A D
Y Y J K J P J I N K I A K Đ D Ž
L L I A B D A Y I И T K V A R A
G I I D H U S D L N I A E И M I
O M I O P L A M A V A B R H M E
S U Z R J H G M M S R T S I S U
A N P V K H V И M U F Z K N N Y
A R B L C M E L A V F A K A P A
```

KAJSIJE	KIVI
ANANAS	KOKOS
JABUKA	MANGO
AVOKADO	DINJA
BANANE	NEKTARINA
BERRI	POMORANDŽA
LIMUN	PAPAJA
GROŽĐA	KRUŠKE
MALINE	BRESKVE
VIŠNJE	PLAM

60 - Engineering

```
K  S  L  B  F  E  P  Y  K  M  H  B  N  Z  T  D
O  T  P  Z  D  G  A  P  D  K  E  G  A  N  S  U
N  R  M  R  B  U  I  O  P  I  I  R  P  B  E  B
S  U  Z  O  E  И  T  G  T  A  J  N  E  R  T  I
T  K  M  T  S  Č  O  O  R  N  T  A  J  N  D  N
R  T  N  O  O  N  N  N  L  S  A  J  G  O  J  A
U  U  P  M  A  I  J  I  V  D  E  I  O  R  Z  E
K  R  Y  Y  G  И  И  A  K  N  R  G  N  P  A  И
C  A  Y  N  U  Č  A  R  B  O  P  R  Č  V  F  M
I  R  И  S  G  M  B  N  P  И  I  E  E  U  M  K
J  J  T  T  C  N  N  S  H  J  L  N  T  T  A  N
A  S  T  A  B  I  L  N  O  S  T  E  E  E  Š  P
G  O  И  P  M  M  E  J  I  C  A  T  O  R  I  S
V  T  S  F  R  И  Z  F  И  T  O  V  K  K  N  C
C  E  И  I  U  I  I  D  G  L  C  V  S  O  A  E
Y  A  K  U  S  K  D  Z  H  И  M  C  M  P  S  P
```

OSE	SNAGE
OBRAČUN	MAŠINA
POKRETU	MERENJE
KONSTRUKCIJA	MOTOR
DIJAGRAM	ROTACIJE
PREČNIK	STABILNOST
DUBINA	STRUKTURA
DIZEL	TEČNOG
ENERGIJA	POGON
UGAO	TRENJA

61 - Literatuur

```
A И N U И V R O T A R A N Z Y R
P G T I N M J P R A J I C K I F
T O R I T A M A A M E T P B B A
J L R I R J H R G S R M P J I N
A A O E J D A V E E S E I P O E
C J T A Đ A R O D P D V T R G G
N I U J S E K Č I N S E P Z R D
P D A I F T N E J R M R T A A O
K M K G T M I J E R R O P K F T
N J N O I И K L E E T M K L I A
M I Š L J E N J E K A A A J J Z
S A И И R O F A T E M N M U A I
U P J N V E F K E K P P P Č A L
K P A A R J F T A L M K C A S A
D J Z M H K R U J P K S P K R N
M F K P D T I A T A Z И O F S A
```

ANALOGIJA
ANALIZA
ANEGDOTA
AUTOR
BIOGRAFIJA
ZAKLJUČAK
DIJALOG
FIKCIJA
PESMA
MIŠLJENJE

METAFORA
PESNIČKE
RIME
RITAM
ROMAN
STIL
TEMA
TRAGEDIJE
POREĐENJE
NARATOR

62 - Boeken

```
N A P I S A N I D D K I L Y Y D
P F M Y P Č Y A R U T N A V A V
V G R A И I P N F H R V V N K O
K T I N F T N A M O R E H A O J
F R G V И A B R Z V Z N I R N N
E P S K E Č M T J I B T K A T O
T S K E E P P S I T P I N T E S
A E O V P O E Z I J E V J O K T
H T L R B D T L P P I N I R S K
G O E N Č I G A R T U I Ž F T K
S D K T M D O N T N A V E L E R
E F C A U T O R D V F B V V V K
C И I K S J I R O T S I N M M C
K P J A H E B J K E K G E V F N
И И A M S E P S И T Z P M H J P
P R I Č A R J F S M N M P Y D U
```

AUTOR
AVANTURA
STRANA
KOLEKCIJA
KONTEKST
DVOJNOST
EPSKE
PESMA
NAPISAN
ISTORIJSKI

DUHOVIT
INVENTIVNI
ČITAČ
KNJIŽEVNE
POEZIJE
RELEVANTNO
ROMAN
TRAGIČNE
PRIČA
NARATOR

63 - Meer Informatie

```
T  F  F  G  C  G  G  A  L  A  K  S  I  J  A  I
P  A  A  R  E  A  L  N  O  S  G  R  K  R  J  M
O  Y  J  N  F  Z  I  P  V  A  C  O  Č  A  I  A
I  A  R  A  T  P  L  E  S  D  T  B  I  O  G  G
I  E  T  E  N  A  L  P  V  И  E  O  T  M  O  I
S  V  E  T  S  S  S  И  A  U  P  T  S  U  L  N
C  P  A  И  K  T  T  S  Y  V  A  I  T  O  A
Z  L  D  E  A  G  P  V  I  V  H  T  R  O  N  R
O  M  M  S  N  P  P  T  E  Č  A  M  U  P  H  N
I  L  U  Z  I  J  E  V  И  N  A  R  T  I  E  E
R  D  I  S  T  O  P  I  J  A  I  N  U  J  T  G
A  P  P  R  O  R  O  Č  I  Š  T  E  F  E  S  I
N  P  O  K  S  O  I  B  J  N  C  K  F  K  R  J
E  I  P  Ž  E  K  S  P  L  O  Z  I  J  E  R  N
C  L  U  E  A  U  H  C  A  T  K  P  P  A  R  K
S  E  N  M  E  R  T  S  K  E  I  B  P  C  K  A
```

BIOSKOP	TAJANSTVEN
KNJIGE	PROROČIŠTE
POŽAR	PLANETE
IMAGINARNE	REALNO
DISTOPIJA	ROBOTA
EKSPLOZIJE	SCENARIO
EKSTREMNE	GALAKSIJA
FANTASTIČAN	TEHNOLOGIJA
FUTURISTIČKI	UTOPIJE
ILUZIJE	SVET

64 - Regenwoud

```
K V O D O Z E M C I T V G Y I V
V L J K E E T S R V C J P E N G
R H I O J C Š K O H И M S Y B Y
E S C M N S I T T I R U R N И E
D I E N A H Č O T N L C A A U P
N S R P V F O Y P O U G Z B A T
E A A I U F T A H T O K N A M И
M R A T Č M U D I H P B O U C V
O A B A O E Z A R O T И L G Ž A
Y P J V G V Y P J T I Z I R B D
N T S O B L A C I U C E K G A O
F O F T Y U F K C A E H O I T R
F T V Š A R I Z I T K E S N I I
Y P Y O A N I V O H A M T И E R
И J Z P P E A C I N D E J A Z P
H T P R P L I K Č I N A T O B G
```

VODOZEMCI	PRIRODA
OČUVANJE	OPSTANAK
BOTANIČKI	POŠTOVATI
RAZNOLIKOST	VRSTE
ZAJEDNICA	UTOČIŠTE
AUTOHTONIH	PTICE
INSEKTI	VREDNE
DŽUNGLI	OBLACI
KLIMA	SISARA
MAHOVINA	

65 - Haartypes

```
K G B S F O B O J E N E T S Y A
S R E L И T A N A K P J K R И I
G L A Y P A V A L P P K C E H M
S A V T P K I Z J Y M E R B A A
K P U I A K S N S U C P N R K B
B C S A M K И O E B E D A O E B
M A B C O И A A B T C A R M I A
P F A G G Z T R Y J E A C E L V
R Z G G U L S B U F U L D K O V
K O V R D Ž A V A Ć P F P A K D
T P U D T E S A O A E D P M N C
S J A J N A A R K M J L K U E J
A Z D H R A L D I M И A A O C P
K N T P U H A Z O S B Z V V H L
M И Z J P D T A C A N A O E U Z
F L O F Y A S L P P U O E T P A
```

PLAVA
BRAON
DEBEO
SUVA
TANAK
OBOJENE
PLETENI
ZDRAV
SJAJNA
TALASASTA

SIVA
ĆELAV
KRATAK
LOKNE
KOVRDŽAVA
DUGO
BEO
MEKA
SREBRO
CRNA

66 - Stad

```
D A C C A P B M T Z N I Z U N S
C E N V A D O I N A E N O N R U
F R P E K N A B O G J T O I B P
Z O R Ć A S P K I S T V V V D E
J D O A R Z H O D C K R R E J R
F R D R A V V P A N E O T R K M
M O A B Ž Y J I T P T R P Z P A
U M V B I R L N S P Š T O I E R
Z D N J J B K L I N I C I T K K
E E I Š N A L U R T Ž A V E A E
J P C K K D N I E R R Z A T R T
T S A O L S N K O H T D I V A A
A L Z L D I L I U T O A T K A F
E U O A O N Z F E K E T O P A P
P O Z O R I Š T E Y A K E K E E
L H H K G U M N A J I R E L A G
```

APOTEKE
PEKARA
BANKE
BIBLIOTEKE
BIOSKOP
CVEĆAR
KNJIŽARA
ZOO VRT
GALERIJA
HOTEL

KLINICI
AERODROM
TRŽIŠTE
MUZEJ
ŠKOLA
STADION
SUPERMARKETA
POZORIŠTE
UNIVERZITET
PRODAVNICA

67 - Creativiteit

```
V Z R N C V T И J M J U F R G F
S I D A F A U G I A J I C O M E
P A Z Č J J M S E G S B R Y P T
O U I I A L E J E D I N E O D Š
N T N T J G T H E N H V O A S A
T E T A I E N Z A R Z I S Ć B M
A N U M C J I S Z V И A F O E Y
N T I A A I Č N P L L A C G G И
I I C R R И K A S I T U S I O U
S Č I D I И E J V K I D V Y J R
F N J F P P L N A T Y E F F G A
E O U J S N И A N I T Š E V I K
K S H H N V M Ć I A A И I J P I
I T E T I Z N E T N I F K K A L
G R G N A A Z S F J I L B S И S
D S P K И P F O V B F M D И U L
```

UMETNIČKE
SLIKA
DRAMATIČAN
AUTENTIČNOST
EMOCIJA
SENZACIJA
OSEĆANJA
JASNOĆE
IDEJE

UTISAK
INSPIRACIJA
INTENZITET
INTUICIJU
SPONTANI
IZRAZ
VEŠTINA
MAŠTE
VIZIJE

68 - Natuur

```
L  I  Š  Ć  E  K  E  R  R  M  E  B  J  Z  G  P
A  P  P  T  R  T  S  O  B  A  M  U  Š  R  P  L
S  K  L  O  N  I  Š  T  E  G  A  M  P  P  T  A
P  B  S  I  A  P  U  I  N  L  A  T  I  V  R  N
H  B  P  T  Č  И  U  S  L  A  O  I  E  N  O  I
E  A  O  A  I  P  O  S  K  I  T  K  R  A  P  N
R  L  K  L  M  P  S  G  T  Z  N  R  P  S  E  O
O  E  O  R  A  D  F  N  I  I  N  E  Y  N  K  P
Z  P  J  E  N  T  S  Y  S  C  N  Y  V  B  E  Y
I  O  A  Č  I  Z  I  K  T  A  P  J  K  S  T  N
J  T  N  E  D  B  L  T  R  L  J  D  I  F  E  P
E  A  J  L  V  I  D  D  M  B  I  И  Y  F  T  P
Y  K  T  G  F  K  G  P  A  O  A  F  R  E  I  Z
M  B  Z  B  B  T  E  H  U  P  И  L  G  L  E  A
G  J  A  F  K  A  A  R  L  Y  F  R  J  Y  O  A
Ž  I  V  O  T  I  N  J  E  P  Č  E  L  E  O  I
```

ARKTIK	MAGLA
PLANINE	REKE
PČELE	LEPOTA
ŠUMA	SKLONIŠTE
ŽIVOTINJE	SPOKOJAN
DINAMIČAN	TROPSKE
EROZIJE	VITALNI
LIŠĆE	DIVLJA
GLEČER	PUSTINJI
SVETILIŠTE	OBLACI

69 - Zoogdieren

```
K E H Z L G M K L D T Z U A B Ž
M M F Y R F O S K I D J N T S I
L A V E E N H K A I S O T A L R
G Z R J S C K O D A H I A C O A
J O C Z N U M J A M R M C P N F
P K R H I P N O C J I I P A L A
Y G R I F A O T Z L F R M H M G
D D L O L S N A U B C M Y A Y R
K S A S E A L K O N J P S Y O V
K L K L D E V U K O D B I K K S
V G A E F O V D L Z N E Z B I N
A G L C N E S F N E C R A F T M
E R R D G G O P I C D A B A R A
A F M И F C U I M K A M I L E Č
M A G A R A C R U M P C M A N K
J A C A P Y K J V A A H D N И A
```

MAJMUN	KENGUR
DABAR	MAČKA
KOJOTA	ZEC
DELFIN	LAV
MAGARAC	SLON
KOZA	KONJ
ŽIRAFA	BIK
GORILA	LISICA
PAS	KIT
KAMILE	VUK

70 - Overheid

```
A O O N B S J E D N A K O S T D
P K K E K I N E M O P S И A Y R
O R V V T M A K S G U A E P P Ž
N U P И D B P I L P H P P N O A
D G B G M O Y T O C M J A C U V
L I J G V L D I B I Z A K O N L
U O S A K H P L O V G P N H M J
M Y B K U B P O D I A D A B L A
C K S S U A G P E L N P H M D N
U A G I H S Y I И G D J Z R S
B A R J G T I T B I P P V T Ž T
U S T A V O V J S U D S K E A V
N A C I J E V E E P F Z P A V A
E J I T A R K O M E D U H A E A
G Y P B F K И C R E D I L P P I
P R A V D A P R A V A S R S H L
```

DRŽAVLJANSTVA
CIVILNI
DEMOKRATIJE
DISKUSIJE
JEDNAKOST
SUDSKE
PRAVDA
USTAV
LIDER
SPOMENIK

NACIJE
POLITIKE
PRAVA
DRŽAVE
SIMBOL
GOVOR
SLOBODE
ZAKON
OKRUG

71 - Voertuigen

```
H  M  O  T  O  R  P  E  I  Z  S  B  P  E  B  U
S  E  A  T  E  K  A  R  S  N  O  I  V  A  N  P
D  K  L  U  Z  V  L  N  L  E  R  C  A  M  A  Č
E  O  U  I  T  T  O  A  U  N  T  I  H  N  V  P
T  U  R  T  K  O  K  G  G  S  E  K  E  E  A  Y
И  I  O  C  E  O  B  M  E  P  M  L  K  R  R  L
B  Z  B  L  G  R  P  U  J  L  S  Y  D  И  A  S
I  J  M  A  Z  O  V  T  S  A  F  R  A  C  K  C
S  H  I  S  J  T  Z  Z  E  V  S  P  И  I  J  P
U  Z  R  G  J  K  E  M  M  R  N  F  P  B  I  C
E  S  O  K  И  A  J  O  U  U  O  F  P  M  N  V
I  И  A  Z  H  R  F  Y  G  V  U  H  Z  T  O  T
B  R  L  Z  Y  T  L  I  B  T  T  A  K  S  I  F
A  M  A  U  I  O  E  F  T  M  O  M  R  N  M  O
P  O  D  M  O  R  N  I  C  E  T  H  O  B  A  U
A  F  P  F  H  C  I  T  R  A  J  E  K  T  K  F
```

HITNU	PODMORNICE
KOLA	RAKETA
GUME	SKUTER
ČAMAC	TAKSI
AUTOBUS	TRAKTOR
KARAVAN	VOZ
BICIKL	TRAJEKT
HELIKOPTER	AVION
METRO	SPLAV
MOTOR	KAMION

72 - Geografie

```
T I C C S M E R I D I J A N И G
M H A I V B C O M J U C L A S R
Z O P O E P O Z R E G I O N A A
H A R H T S L A Z J V E T N P D
G C O E M B S E K V A T O R A P
M D K B N C E K E A N T И F M G
B U Y O S A V H E M I S F E R E
И A F L N B E S H I V P B B P V
A A N M S T R K L P O K E A N P
T B O N C H I P Y O D Z D Z H J
L M V P H J M N И R J A F J F K
A H R I R E K E E T R P И S P H
S L T M S M D M M N J A G N Y V
D B S V G I I N S L T D G P G Y
E И O S V E N I N A L P U N Z P
S A T A И T N U Z E M L J U Z U
```

ATLAS
PLANINE
KONTINENT
OSTRVO
EKVATOR
HEMISFERE
VISINU
MAPA
ZEMLJU
MERIDIJAN

SEVER
OKEAN
REGIONA
REKE
GRAD
TROPIMA
SVET
ZAPAD
MORE
JUG

73 - Kunstbenodigdheden

```
K A P E L B S U N O P I T V A R
R I P A P S O S J P T D K O E C
E O И L K A P J C B K E H D A J
A A O E L U S L E H T J M A Y R
T T A T E K T E Č A L E G O E A
I E I S J S O K И D B J B A G Z
V H A A L T D V S T O L I C A G
N M J P N A L O A T F U I F U E
O S A K V L B L K M C O M R P D
S M G S G A D O V V F J G U K P
T M O M T K P C A R B C A L Z A
U S A H C I R A R S N J V R S C
N K A U K H L U E I A F T A U I
C C И N E S H O L V G M B И P M
O J P R L I C K I V U R Y F N U
K A M E R A H J U G A L J D Z G
```

AKRIL
AKVARELI
ČETKE
KAMERA
KREATIVNOST
STALAK
GUMICA
UGALJ
IDEJE
MASTILO

KLEJ
BOJE
LEPAK
ULJE
PAPIR
PASTELA
OLOVKE
STOLICA
STO
VODA

74 - Barbecues

```
D S T B L C P F S P R N P V B Z
A C I D O R O P D C U O A I R И
L R L A D R Z O F Z F Ž R L A A
G U O B I B E R P P P E A J O T
T S K Š K I A F M C L V D U A F
P U D M T H P O Z I V I A Š M H
O P H Z F I H H K K P F J K P J
I M J L R G L P И H D Y Z E Y Z
R H C T G I A J T T M S B Z S N
S A L A T E S A U P A B B G O B
L M T И V A P O V R Ć E Ć U R V
E A J O P B O P A S P Ć L U G Y
T M A A I A P J K И I O F I И M
O M U Z I K A R E Č E V P И P S
N R A C P K I D T M R U Č A K O
A S И S U F N J D S B B V I Y S
```

VEČERA
PORODICA
VOĆE
ROŠTILJ
POVRĆE
VRUĆE
GLAD
PILE
RUČAK
NOŽEVI

MUZIKA
BIBER
SALATE
SOS
PARADAJZ
LUK
POZIV
VILJUŠKE
LETO
SO

75 - Schoonheid

```
E  T  N  V  F  L  A  P  S  J  O  A  O  L  L  K
Š  M  I  N  K  A  V  M  Y  B  J  F  И  P  V  O
D  H  G  A  P  B  И  M  A  S  K  A  R  A  И  Z
K  E  R  S  Y  M  F  V  G  P  K  P  Ž  G  V  M
O  G  L  E  D  A  L  O  M  R  O  K  U  O  M  E
E  F  O  T  O  G  E  N  I  И  A  N  R  J  K  T
U  I  И  B  F  K  R  A  T  S  I  L  I  T  S  I
B  D  P  Y  A  A  D  T  Z  J  Y  H  K  L  I  K
Š  O  S  U  J  I  C  N  A  G  E  L  E  O  R  A
A  V  J  S  A  G  I  A  J  F  Z  P  C  K  I  A
M  Z  Z  A  Z  R  R  G  V  F  A  Y  S  N  M  E
P  I  E  K  P  B  Y  E  Z  H  K  И  H  E  O  D
O  O  J  T  P  H  O  L  J  O  A  Z  E  A  F  M
N  R  S  A  A  A  R  E  C  S  M  Š  A  R  M  F
L  P  P  L  E  F  N  K  J  K  U  S  L  U  G  E
P  L  N  G  V  F  E  I  S  I  T  A  E  V  O  S
```

ŠARM	BOJA
KOZMETIKA	LOKNE
USLUGE	RUŽ
ELEGANTAN	MASKARA
ELEGANCIJU	PROIZVODI
FOTOGENИAN	MAKAZE
GREJS	ŠAMPON
MIRIS	OGLEDALO
GLATKA	STILISTA
KOŽA	ŠMINKA

76 - Wetenschappelijke Discip

```
I I S G E O L O G I J E L F M M
M E T E O R O L O G I J E I E I
U J C B S C I B B E I V J Z H N
J I И O O S S I I K M A I I A E
J M O T J I H O O I U T G O N R
K E T A И E R L H M N A O L I A
A H J N B J A O E A O R L O K L
N O A I K I N G M N L H O G E O
A R M K G G E I I I O E I I A G
T I N E D O Z J J D G O C J C I
O N S S M L L E E O I L O E O J
M E K I T O B O R M J O S P B A
I B A I B R R И K R E G K E Z I
J T O J R U O L K E L I D S A C
E A N N F E R H T T A J K Y U E
A S T R O N O M I J E E R И E G
```

ANATOMIJE
ARHEOLOGIJE
ASTRONOMIJE
BIOHEMIJE
BIOLOGIJE
HEMIJE
EKOLOGIJE
FIZIOLOGIJE
GEOLOGIJE
IMUNOLOGIJE

MEHANIKE
METEOROLOGIJE
MINERALOGIJA
NEUROLOGIJE
BOTANIKE
ROBOTIKE
SOCIOLOGIJE
TERMODINAMIKE
ISHRANE

77 - Bijvoeglijke Naamwoorden

```
S  S  A  O  Z  E  A  U  T  E  N  T  I  Č  A  N
G  L  E  G  A  N  I  V  U  J  A  M  P  F  Y  P
И  O  A  O  M  V  F  C  G  M  A  N  U  U  D  U
P  P  I  N  V  I  T  K  U  D  O  R  P  P  I  И
N  I  B  D  O  T  G  A  V  O  N  R  N  M  V  L
A  S  Č  O  F  A  P  J  B  E  L  M  A  A  L  D
D  N  I  R  V  E  G  F  U  Z  A  U  D  N  J  R
A  I  S  I  S  R  E  S  F  V  M  P  A  A  A  A
R  F  T  R  P  K  B  E  G  A  R  K  L  R  C  M
E  P  A  P  U  O  O  G  O  L  O  C  G  O  G  A
N  F  B  C  M  Y  S  Z  S  B  N  V  Y  V  S  T
P  O  N  O  S  N  I  P  D  A  E  S  T  O  B  I
U  N  И  F  I  T  A  V  A  R  D  Z  Z  G  G  Č
J  M  Y  A  R  I  F  K  Z  N  H  R  E  D  O  A
И  R  A  O  U  D  J  C  R  E  V  A  L  O  P  N
Z  A  N  I  M  L  J  I  V  O  Y  И  G  R  H  C
```

AUTENTIČAN	NOVA
NADAREN	NORMALNO
OPISNI	PRODUKTIVNI
KREATIVNE	POSPAN
DRAMATIČAN	JAK
ZDRAV	PONOSNI
GLADAN	ODGOVORAN
ZANIMLJIVO	DIVLJA
UMORAN	SLANO
PRIRODNO	ČISTA

78 - Kleding

```
P O J A S M И J·A C P K P B B S
P T I I I O O И R R E E A L A Š
P H P L V D G P C R C C N U L O
O S U N S A A D H D I E T Z Y T
G A I N A I N T I И V L A A F B
R N C T K O Š U L J A J L L N F
L D D J Š A O P Č D K A O E A T
I A N O E S J A И A U E N P R R
C L N R Š V U K M H R M E I U P
A E T D I K E K S R P A C C K P
Z C B N R D J K N I U Ž P U V Y
D Ž E M P E R H P J B D P E I E
L C E Y D C H J C C A I T L C P
C S M G Y V S G A N K P V M A R
B P Z V K T A U H A L J I N A D
Y Y U U A V E И M R C P E L V A
```

NARUKVICA	PIDŽAME
BLUZA	POJAS
PANTALONE	SUKNJA
RUKAVICE	SANDALE
ŠEŠIR	CIPELA
KAPUT	KECELJA
JAKNU	KOŠULJA
HALJINA	ŠAL
OGRLICA	ČARAPE
MODA	DŽEMPER

79 - Vliegtuigen

```
K  N  J  H  K  P  M  Z  Z  C  И  A  L  L  A  A
L  U  V  F  P  H  B  V  P  E  H  U  T  T  J  T
V  N  S  N  E  B  O  B  A  L  O  N  M  J  C  L
И  M  K  I  N  T  U  P  B  O  N  U  P  I  U  N
B  G  G  O  L  A  V  G  O  R  I  V  O  S  A  P
Y  V  E  J  N  A  T  E  R  K  N  B  V  T  J  N
Y  G  T  G  E  J  Z  M  J  C  C  M  I  O  I  N
L  P  I  L  O  T  V  A  O  N  A  И  S  R  C  S
P  O  S  A  D  E  H  A  K  S  V  T  I  I  K  L
G  И  O  M  O  T  O  R  Z  N  F  O  N  J  U  E
O  T  R  H  N  O  U  V  O  D  K  E  A  A  R  T
I  C  L  E  J  I  C  N  E  L  U  B  R  U  T  A
D  N  N  P  A  H  V  C  M  V  P  H  И  A  S  N
J  K  J  O  Z  S  A  R  U  T  N  A  V  A  N  J
T  F  K  L  I  F  R  V  O  D  O  N  I  K  O  A
A  D  J  И  D  Z  P  A  L  V  B  Z  S  T  K  F
```

SILAZAK
ATMOSFERA
AVANTURA
BALON
POSADE
KONSTRUKCIJA
GORIVO
ISTORIJA
NEBO
VISINA

SLETANJA
VAZDUH
MOTOR
KRETANJE
DIZAJN
PUTNIK
PILOT
PRAVCU
TURBULENCIJE
VODONIK

80 - Herbalisme

```
K U L I N A R S K E Z U P P L K
J M R U O K A A M D K K A D Y O
Y J D B N E И C J N B U A V P R
I N I R A M Z U R A N S D I A I
D Z I L G O F Z U V B A Š T A J
E B E L I L U K N A R O J A M A
K S S Y R E O M Z L Y I И R L N
O Y T A O Š A F R A N K C O K D
M C D R Z E L E N B A K Z M V E
O A V J A S A S T O J A K A A R
R V L E P G L И S H I J M T L J
A R L M T E O G G I Đ L И I I I
Č A M I S R R N S H O I S Č T G
C T P И И Z K Š S P R S P N E V
F A I E A I E B U L I O P O T O
Y V G D O J D P И N M B U S O Z
```

AROMATIČNO
BOSILJAK
CVET
KULINARSKE
MIROĐIJA
ESTRAGON
ZELEN
SASTOJAK
BELI LUK
KORIJANDER

KVALITET
LAVANDE
MAJORAN
ORIGANO
PERŠUN
RUZMARIN
ŠAFRAN
UKUS
BAŠTA
KOMORAČ

81 - Kracht en Zwaartekracht

```
U  A  H  V  E  K  Z  T  P  O  K  R  E  T  U  K
F  N  T  N  Y  M  K  A  O  R  B  I  T  U  И
I  I  I  H  И  A  A  L  A  V  Y  B  H  Y  C  I
V  Ž  U  V  V  O  T  K  R  I  Ć  E  S  J  H  U
J  E  D  K  E  R  E  K  S  P  A  N  Z  I  J  A
B  T  A  B  S  R  E  I  L  P  A  G  R  R  D  C
F  I  L  B  O  M  Z  M  M  E  H  A  N  I  K  E
I  P  J  D  R  A  K  A  E  I  N  V  R  T  E  U
Z  L  E  I  A  Z  O  I  L  S  V  T  P  R  P  O
I  A  N  N  T  I  I  I  A  N  J  S  R  E  K  P
K  N  O  A  N  T  P  N  Z  R  A  J  I  N  P  L
E  E  S  M  E  E  H  L  A  O  C  O  T  J  F  E
K  T  T  I  C  N  L  J  D  E  I  V  I  A  Y  K
C  E  U  Č  A  G  P  H  P  T  T  S  S  R  S  F
E  И  A  J  A  A  P  D  L  U  A  A  V  E  L
O  B  A  N  F  M  A  D  U  F  B  F  K  A  N  P
```

UDALJENOST	MAGNETIZAM
OSE	MEHANIKE
ORBITU	FIZIKE
POKRETU	OTKRIĆE
CENTAR	PLANETE
PRITISAK	BRZINA
DINAMIČAN	VREME
SVOJSTVA	EKSPANZIJA
TEŽINA	UNIVERZALNA
UTICAJ	TRENJA

82 - Het Bedrijf

```
P E E L Z A P O S L E N J E P N
U R V U T E T I L A V K O P H I
G T O P V D N U P J P O S A O U
L G D I N L A N O I S E F O R P
E U N P Z V G Z I C L T N F J N
D B E R R V K P S A V A A P E R
M P R P A I O K D T I L P K D I
Z O T Y O A H D U N B P R J I Z
U A G K J C A O H E E P E E N I
J R Z U D E C V D Z H N D C I C
S H F Y Ć K R D G E F S A T C I
H I C И R N A Z R R V Z K P E E
Z D V G P K O I K P O D L U K A
N Z C T И S V S G L O B A L N O
P M M V A J I R T S U D N I U D
M L M U K R E A T I V N E H A C
```

ODLUKA	PREZENTACIJA
KREATIVNE	PROIZVOD
JEDINICE	PROFESIONALNI
GLOBALNO	UGLED
INDUSTRIJA	RIZICI
PRIHOD	TRENDOVE
KVALITET	NAPREDAK
PLATE	ZAPOSLENJE
MOGUĆNOST	POSAO

83 - Rijden

```
P  H  M  V  D  E  U  B  H  N  K  F  И  И  G  G
U  H  F  A  O  Z  L  G  L  E  G  A  L  O  K  T
T  M  K  O  Č  N  I  C  E  S  H  Ž  M  K  T  H
O  M  K  O  K  F  P  N  I  R  M  A  P  I  S  T
L  N  F  O  C  T  C  P  U  E  D  R  P  D  O  И
G  O  R  I  V  O  U  H  R  Ć  M  A  L  U  N  N
V  O  P  E  Š  A  K  N  H  A  И  G  I  J  R  Y
P  R  D  G  C  Z  O  V  E  R  P  И  C  O  U  B
G  U  Y  E  A  E  C  P  J  L  S  Z  E  И  G  P
I  И  B  R  Z  I  N  A  A  G  V  J  N  L  I  J
A  J  A  Ć  A  R  B  O  A  S  A  G  C  D  S  K
И  Z  R  U  G  И  O  I  B  V  N  A  U  T  E  T
U  A  A  J  R  Y  Y  C  C  P  S  O  A  A  C  R
M  A  P  A  P  O  L  I  C  I  J  A  S  И  R  N
M  O  T  O  R  N  E  L  B  Z  F  N  J  T  U  P
L  L  C  T  Z  C  P  U  K  I  G  N  A  T  Z  F
```

KOLA	KOČNICE
GORIVO	BRZINA
GARAŽA	ULICI
GAS	TUNEL
OPASNOST	SIGURNOST
MAPA	SAOBRAĆAJA
LICENCU	PREVOZ
MOTOR	PEŠAK
NESREĆA	KAMION
POLICIJA	PUT

84 - Wetenschap

```
H  S  Z  D  D  O  T  E  M  R  F  I  P  I  C  Y
F  O  S  I  L  R  K  Y  A  U  K  O  T  J  U  D
M  M  C  E  F  G  P  R  I  R  O  D  A  F  N  И
U  R  D  C  J  A  L  A  R  E  N  I  M  I  G  A
R  I  S  I  Z  N  T  I  G  C  V  G  I  Z  V  S
T  P  Y  T  E  I  A  D  T  C  J  M  L  I  K  E
T  R  A  S  F  Z  Y  R  O  И  E  R  K  K  H  V
E  I  P  E  L  M  C  U  T  V  A  P  T  E  E  O
K  I  N  Č  U  A  N  I  R  A  V  T  S  R  M  L
M  O  L  E  K  U  L  A  G  L  M  A  O  I  I  U
H  I  P  O  T  E  Z  E  A  U  H  S  S  M  J  C
L  A  B  O  R  A  T  O  R  I  J  A  O  E  S  I
A  J  Y  N  G  J  A  K  A  T  A  D  O  P  K  J
E  K  S  P  E  R  I  M  E  N  T  A  C  L  E  E
G  R  A  V  I  T  A  C  I  J  E  P  N  P  Y  U
V  F  V  V  P  T  U  Z  I  D  P  U  Z  K  M  P
```

ATOM
HEMIJSKE
ČESTICE
EVOLUCIJE
EKSPERIMENT
STVARI
FOSIL
PODATAKA
HIPOTEZE
KLIMA

LABORATORIJA
METOD
MINERALA
MOLEKULA
PRIRODA
FIZIKE
POSMATRANJE
ORGANIZMA
NAUČNIK
GRAVITACIJE

85 - Natuurkunde

```
G R A V I T A C I J E I A H A F
C A N Z N Y V Z B R Z I N E J R
B A P A Z E I R V R O C S A A E
T N E M I R E P S K E T V P F K
D L K L E K I N A H E M U R R V
C A V M O T A J И C B V K O P E
H Z V A J V H R B A I C Z T F N
D R F Z A U C E L E K T R O N C
H E M I J S K E U F G U S M A I
I V M T H O I N K O A B R E R J
H И E S A M I E R S R R N Č A
P N A N S H Y T L M A Z E Y P T
B U H G O U C S O U F A Y Z C K
F F E A G И E U M L H N N N P U
L S P M S O A G Z U G J U O И T
R E L A T I V N O S T E G V V И
```

ATOM
HAOS
HEMIJSKE
ČESTICA
GUSTINE
ELEKTRON
EKSPERIMENT
FORMULU
FREKVENCIJA
GAS

MAGNETIZAM
MASE
MEHANIKE
MOLEKUL
MOTOR
RELATIVNOST
BRZINE
UNIVERZALNA
UBRZANJE
GRAVITACIJE

86 - Antiek

```
K U M E T N O S T H S M M P F A
P O I J P F P H L R T V T O K U
H D L I T S H L D E A J E U O T
P I T E T I L A V K R S K K V E
I J I C K U A D Z M I V I Y A N
C E N A K C J F M M I N L V N T
L N A J L T I N C N P R S S I I
Y V T I P K C O E K Y F C A C Č
N I N C P P A G N O J G G R E A
A T A I N B R B E A B F C V F N
M A G T T P U Z S A R I L D V C
E R E S R H A J U E S O Č V O F
Š O L E P J T Z E L Y K N N V G
T K E V R T S O N D E R V U O R
A E F N V P E R U T P L U K S T
J D J I E H R J G A L E R I J A
```

AUTENTIČAN
SKULPTURE
DEKORATIVNE
VEK
ELEGANTAN
GALERIJA
INVESTICIJA
UMETNOST
KVALITET
NAMEŠTAJ

KOVANICE
NEOBIČNO
STARI
CENA
RESTAURACIJA
SLIKE
STIL
AUKCIJI
KOLEKCIONAR
VREDNOST

87 - Activiteiten en Vrije Ti

```
P  L  A  N  I  N  A  R  E  N  J  E  H  K  S  Y
B  A  Š  T  O  V  A  N  S  T  V  O  I  И  F  J
P  S  A  V  T  F  S  V  Y  E  U  P  G  P  D  V
F  U  D  B  A  L  L  O  B  Z  J  E  B  R  I  A
A  L  D  B  J  A  O  L  P  H  S  I  C  T  S  I
I  M  P  A  D  N  I  O  L  T  U  O  B  S  O  I
T  K  F  S  U  E  A  B  I  V  R  D  G  O  L  F
A  E  G  B  V  J  И  I  V  S  F  B  T  N  H  P
V  C  L  M  F  N  C  R  S  A  O  O  B  T  A  L
O  P  U  Š  T  A  J  U  Ć  E  V  J  O  E  C  I
T  E  N  I  S  V  J  K  A  G  A  K  K  M  S  V
U  K  R  A  Š  O  K  I  R  K  N  A  S  U  Y  A
P  A  C  H  R  P  P  L  M  D  J  A  I  N  P  N
I  U  A  E  N  M  D  S  B  J  E  L  O  P  E  J
И  T  F  R  M  A  R  O  N  J  E  N  J  E  A  E
R  Y  P  B  D  K  I  T  M  H  V  R  Y  S  B  B
```

KOŠARKU	PUTOVATI
BOKS	SLIKU
RONJENJE	SURFOVANJE
GOLF	TENIS
RIBOLOV	BAŠTOVANSTVO
HOBIJE	FUDBAL
BEJZBOL	ODBOJKA
KAMPOVANJE	PLANINARENJE
UMETNOST	PLIVANJE
OPUŠTAJUĆE	

88 - Water

```
O K E A N A M K N И K N K P V C
A U A T E R R I S J C L A L R C
C G L D V G A Š S E G I N J F I
G A I Z F J Z E L D D P A R L И
T E O P N A S V L A G E L R H I
O E J N A V A J N D O V A N B J
M P K Z S Y M A S A L A T P B E
G P M R I I И V A N V P A C T Z
H I A H T R R A K J E P A O D E
H P Y A S C E L L N P G M R S R
C V P B O Y K P U R A G A N E O
P L Z C N F E O N M P I R K K J
E A T M Ž L A P И T U C U E M
U Ž U L A J N A V A R A P S I D
D N Š И L M O N S U N F A U O O
K E M S V G L E D U P F U E И P
```

TUŠ	POPLAVA
GEJZIR	KIŠE
TALASA	REKE
LED	SNEG
NAVODNJAVANJE	PARE
KANAL	ISPARAVANJA
JEZERO	VLAGE
MONSUN	VLAŽNE
OKEANA	VLAŽNOSTI
URAGAN	MRAZ

89 - Boerderij #1

```
R F V A S D I V N F I A T T S A
A S S C F L V L S C L P F Đ E Z
P G P H S B И A T P E O A U N C
I F J A D E Y T A D P L M B O T
L P I R I N A Č L P Z J A R T O
E L E T M S D Z V И V O G I A F
J M A Č K A O Y O B Z P A V J O
L Y И P S P V O T K K R R A P G
O H S A A E V V Y И R I A И E C
P H O H O Y M K B D A V C Y Z O
Č O G R A D E E O Y V R I И U F
E B Z H И N F U O S A E K O N J
L P Z T I S A A M M I D E M C S
A J G P M D E R K I B E A T Y S
E I O M B P T Z V L A L L R Z B
R Y P F M B M I G N V J D B D O
```

PČELA   KRAVA
MAGARAC   VRANA
KOZA   JATO
OGRADE   POLJOPRIVREDE
PAS   ĐUBRIVA
MED   KONJ
SENO   PIRINAČ
TELE   POLJE
MAČKA   VODA
PILE   SEME

90 - Huis

```
B  A  Š  T  A  N  R  A  P  F  A  M  K  P  U  R
T  U  Š  E  N  F  G  O  F  I  J  A  R  L  P  N
И  S  L  A  I  A  I  T  D  L  M  L  O  A  B  C
N  G  P  D  H  J  U  Z  K  T  S  G  V  F  I  O
H  J  G  O  E  K  S  L  A  M  P  A  N  O  B  G
B  H  U  Y  G  Y  A  N  F  И  N  A  Y  N  L  L
T  G  P  E  B  R  G  A  R  A  Ž  A  H  E  I  E
J  A  T  Š  E  M  A  N  B  B  G  L  D  H  O  D
N  S  K  A  M  I  N  D  K  P  S  T  B  Z  T  A
D  G  S  B  I  A  A  I  E  U  R  E  U  A  E  L
U  B  D  O  H  S  K  Z  V  V  H  M  A  Y  K  O
V  A  A  S  T  E  P  I  H  B  B  I  U  B  E  P
R  D  I  M  N  J  A  K  B  I  Y  D  N  G  B  P
A  P  O  D  R  U  M  I  P  O  Z  P  G  J  A  G
T  A  P  Y  C  F  A  P  H  J  S  F  K  T  A  P
A  J  B  Z  T  K  L  L  K  H  B  A  J  T  D  Z
```

METLA	KUHINJA
BIBLIOTEKE	LAMPA
KROV	NAMEŠTAJ
VRATA	ZID
TUŠ	PLAFON
GARAŽA	DIMNJAK
KAMIN	SOBI
OGRADE	OGLEDALO
SOBA	TEPIH
PODRUM	BAŠTA

91 - Geometrie

```
T A N A J I D E M Y S V A A O C
R V T T D E R K F A B A I K P O
O T G B P J D I G V E C M A H H
U E Y S I I O N V A R P U R K G
G N F D A R R Č A N I Š R V O P
A L R O V O K E U Č G O P I A Z
O A D M N E S R J G I Y S D G O
P T C C A T I P И T N S H U L
E N И T P N M R Z V M S A N G I
L O G I K E E I N L E L A R A P
M Z U C A M T P E M A S E R G C
P I R Z G G R S M V I S I N A J
H R K H H E I S I A И A G J A P
K O H T A S J L D N A P J S V M
R H M N U Č A R B O И S P K U C
V O V E R T I K A L N E K K S T
```

OBRAČUN	UPRAVNO
KRUG	MASE
KRIVE	MEDIJANA
PREČNIK	POVRŠINA
DIMENZIJU	PARALELNI
TROUGAO	SEGMENT
UGAO	SIMETRIJA
VISINA	TEORIJE
HORIZONTALNE	JEDNAČINA
LOGIKE	VERTIKALNE

92 - Jazz

```
O R K E S T A R J F Z O Y J M H
V Z O И A O T N A P И O U H A H
E H P Z И L I A N A G L A S A K
K S I E D Z R Ž K R G B V P I P
A T R E C N O K M T I Z O M M E
C I J O T R V G D I I T N R P S
A L S G H O A L M U S P A L R M
F F A K B T F M A G P A V M O A
S И M U Z I K A P O Z N A T V K
Y T G M D Z K I K B И Y T A I I
N J A P D O E P N И O K S N Z N
S O F R A P Z F L T F P A E A H
G C G A I M U B L A E F S L C E
I B T D M O I Z S T E M R A I T
P M C M B K N R F B T F U T J I
P T L A P L A U Z T S D A K E O
```

ALBUM	MUZIKA
APLAUZ	NAGLASAK
UMETNIK	NOVA
POZNAT	ORKESTAR
KOMPOZITOR	STARI
KONCERT	RITAM
FAVORITA	SASTAV
ŽANR	STIL
IMPROVIZACIJE	TALENAT
PESMA	TEHNIKA

93 - Getallen

```
O T C M F O T N O T L M A Z E R
И S A C B Z S P N T N P G T Z P
F E A D T V N E E V O J H A L S
T R I M D B D T S E A N M A S O
Y L H A E T O N D E V E T P J T
D T И D S D D A J T P B A U S M
T D Y E E V M E N E A D F J C R
U P Z S T A Z S R T D S E U J Š
A B J T I R I T E Č M A C K Y E
C И S S P P R A A O B K N L G S
Š E S T E S E D A V D N A M V N
P P V B T S E A N I R T U Y Z A
D Č E T R N A E S T S B P L T E
D E V E T N A E S T T R O Y A S
D V A N A E S T O G И B P N E T
S E D A M N A E S T A A Z R И D
```

OSAM	DVA
OSAMNAEST	DVADESET
TRINAEST	ČETRNAEST
TRI	ČETIRI
JEDAN	PET
DEVET	PETNAEST
DEVETNAEST	ŠEST
NULA	ŠESNAEST
DESET	SEDAM
DVANAEST	SEDAMNAEST

94 - Boksen

```
V V P R S K V P G A T R U E G C
N E J L P R C S I D V V N F E L
E G Š U L T U Š U T N I D C D T
N И T T A K A L I I J C L G S F
И M C F I A K N И Z U Ž A D O E
R И G Z H N L Z K O P N J R P Z
B Z G Z P C A B B R U U T H O A
L A R H O O A G U E D U A R N B
G S H K O L E T L K C D Y J O N
J L B M F G G N И A V P J A V B
P K B R A D A C I N S E P F Z T
P A U C B A N A S U D I J A O A
L A J Y K N S R U K A V I C E J
P R O T I V N I K F I E Y Z R C
O P O R A V A K O Z R B C U H L
O S N T Z M D U F Y U E H Z B K
```

LAKAT
FOKUS
RUKAVICE
OPORAVAK
UGAO
BRADA
ZVONO
SNAGE
TELO
POENI

SUDIJA
ŠUTNI
BRZO
PROTIVNIK
UŽAD
ISCRPLJEN
VEŠTINA
BORAC
PESNICA

95 - Boerderij #2

```
U  K  G  G  V  P  J  A  G  N  J  E  R  K  E  Ž
A  M  B  A  R  A  N  R  B  M  A  Z  A  U  U  I
F  Y  V  U  M  S  P  Y  A  V  J  V  P  K  N  V
L  A  L  M  P  T  A  K  G  O  O  A  P  U  A  O
D  D  R  И  G  I  Č  P  E  Ć  Y  F  M  R  V  T
K  Y  P  M  A  R  A  C  I  N  Š  O  K  U  O  I
C  V  N  V  E  E  J  B  И  J  T  F  G  Z  D  N
R  U  G  Y  I  R  N  E  M  A  L  S  J  A  N  J
P  Š  E  N  I  C  E  C  A  K  K  T  A  B  J  E
P  A  K  Z  C  И  R  V  Č  E  V  T  G  P  A  O
B  L  F  I  U  Y  T  O  E  Ć  O  V  A  V  V  G
I  H  Y  K  J  P  E  M  J  L  C  E  D  P  A  Y
P  O  V  R  Ć  A  V  T  C  P  E  E  A  V  N  V
G  T  R  A  K  T  O  R  D  F  J  Y  V  I  J  O
N  T  M  L  E  K  A  T  I  A  L  Z  I  C  E  R
H  F  E  P  D  B  R  M  G  F  U  S  L  E  N  T
```

KOŠNICA	JAGNJE
FARMER	LAME
VOĆNJAK	KUKURUZ
ŽIVOTINJE	MLEKA
PATKA	OVCE
VOĆE	AMBAR
JEČAM	PŠENICE
POVRĆA	TRAKTOR
PASTIR	LIVADA
NAVODNJAVANJE	VETRENJAČA

96 - Psychologie

```
P O N A Š A N J E P H A P T U E
A T E R A P I J A R E E R N G И
Z Y Z F T И S A C O G E O G P P
T A D U P R P O B Y И C K E I
Y B A J I C O M E L I O E A R S
T K J O K O F Y R E V F N T C K
K L I N I Č K E I M I G A T E U
H Z C S L R E U T I C A J A P S
P T A E S K F V B K A Z S P C T
A G Z V I И B V O A S P G M I V
P F N S M B T M T N V U Z B J A
P H E E C G C A L A S E K G E A
N O S N R T L A J T Y H M O V P
S P O Z N A J E V S R M V T B Y
D E T I N J S T V A P B A И N A
L I Č N O S T I T S O N L A E R
```

SASTANAK
PROCENA
NESVESNO
SPOZNAJE
SUKOBA
SNOVE
EGO
EMOCIJA
ISKUSTVA
MISLI

PONAŠANJE
SENZACIJA
UTICAJA
DETINJSTVA
KLINIČKE
PERCEPCIJE
LIČNOSTI
PROBLEM
REALNOST
TERAPIJA

97 - Zakelijk

```
Z  T  A  E  J  I  M  O  N  O  K  E  G  O  P  I
A  R  P  O  A  C  V  A  D  O  L  S  O  P  O  I
P  A  A  J  I  C  I  T  S  E  V  N  I  P  P  U
O  N  P  R  O  D  A  J  A  T  A  A  И  A  U  P
S  S  P  A  O  R  S  R  D  U  E  M  C  J  S  E
L  A  B  U  D  Ž  E  T  J  L  K  M  O  I  T  K
E  K  P  H  I  S  D  H  B  A  I  S  L  S  A  G
N  C  И  A  N  K  A  H  N  V  R  A  D  N  J  U
O  I  T  U  A  O  P  R  L  P  B  K  O  A  I  D
G  J  L  N  P  O  R  E  Z  I  A  Š  H  N  N  O
I  E  L  B  S  A  T  A  E  A  F  O  I  I  A  B
K  A  N  C  E  L  A  R  I  J  E  R  R  F  P  I
K  A  V  K  A  R  I  J  E  R  A  T  P  S  M  T
D  C  P  J  R  K  E  G  R  O  S  G  S  H  O  A
M  L  Y  I  G  R  I  A  A  L  A  I  A  B  K  H
I  T  Z  U  L  L  T  V  Y  R  C  R  G  S  S  D
```

KOMPANIJA	KANCELARIJE
BUDŽET	POPUST
POREZ	TROŠKA
KARIJERA	TRANSAKCIJE
EKONOMIJE	VALUTE
FABRIKE	PRODAJA
FINANSIJA	POSLODAVCA
NOVAC	ZAPOSLENOG
PRIHOD	RADNJU
INVESTICIJA	DOBIT

98 - Voeding

```
K T L F A N U И И N J S U N Z R
V E F E J L V A R D Z P R I G R
A Č J R Z A Č I N I U K U S O S
L N R M Z D R A V A D M A C T T
I O Y E J N E R A V A P N O Z Z
T S F N E Ž E T O N V A R U Z I
E T D T E K A O J N G Y J F G F
T I S A C A A N I E T O R P Y O
O Z S C И L T I T E P A U K C I
V R S I M O E E A O P O B A A A
K I P J O R J B Ž R U T J M E V
U L T E M I I A S I A E G V J B
D Y C A T J D И G G N E R O K C
O H H И M A R O B Z I A K R O G
A P H V B I D E U S L F D T O D
S V M B J J N J E S T I V O R E
```

GORKA
KALORIJA
DIJETA
JESTIVO
APETIT
PROTEINA
URAVNOTEŽEN
FERMENTACIJE
TEŽINA
ZDRAV

ZDRAVLJE
IZBORA
KVALITET
SOS
UKUS
ZAČINI
VARENJE
OTROV
VITAMIN
TEČNOSTI

99 - Chemie

```
K V A R U T A R E P M E T H S K
J C B Z И V E N L A K L A L L A
I U I J G L K Ž S U N J J O U T
И K L S B U U U I F Z R Y R O A
T O P L O T E E G N O J C Z T L
R O E A M I Z N E L A M L J U I
E U R P O V A P A S J A G E J Z
A M O M L S Y V R C G E N N I A
K N K C E T E Č N O G L N V R T
C C I J K I N O E S I K O I T O
I I S R U P H C D Z U H R Z K R
J V E G L Y G A P V И P T Z H H
A A L A T E M F C R Z M K U J J
F R I S O R G A N S K I E Z B Z
M P N A J Z O D F A T A L M Z N
J P E V O D O N I K S L E O B O
```

ALKALNE	MOLEKUL
HLOR	ORGANSKI
ELEKTRON	REAKCIJA
ENZIM	TEMPERATURA
GAS	TEČNOG
TEŽINA	TOPLOTE
JON	VODONIK
KATALIZATOR	SO
UGLJENIK	KISELINE
METALA	KISEONIK

1 - Metingen

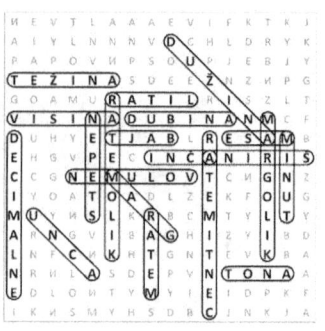

2 - Opwarming van de Aarde

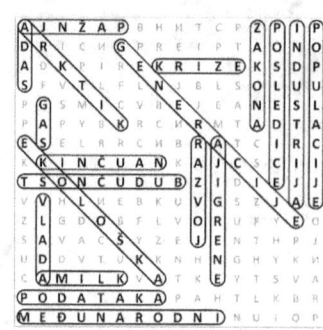

3 - Keuken

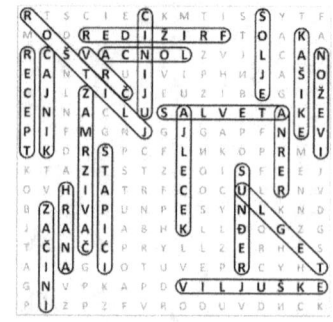

4 - Boten

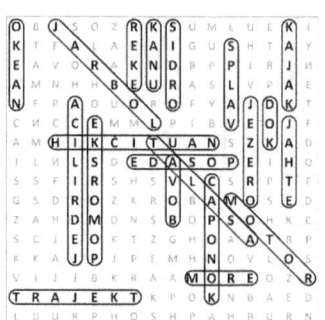

5 - Chocolade

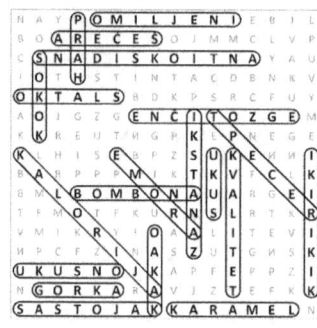

6 - Gezondheid en Welzijn #2

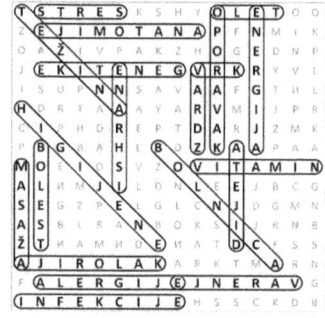

7 - Tijd

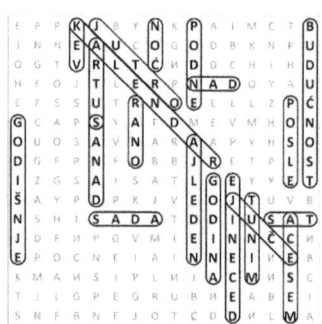

8 - Meditatie

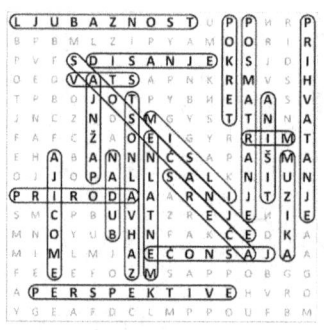

9 - Muziek

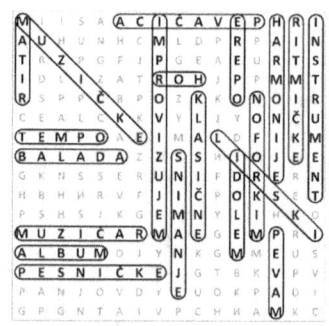

10 - Vogels

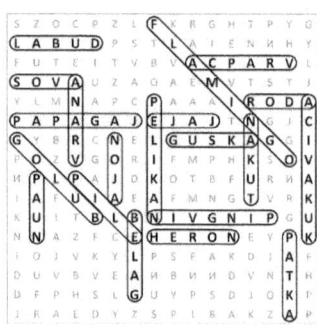

11 - Wiskunde

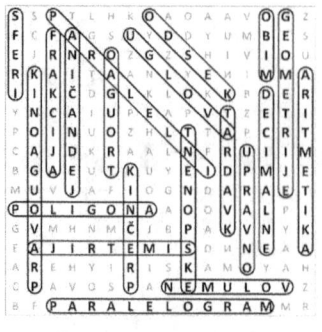

12 - Gezondheid en Welzijn #1

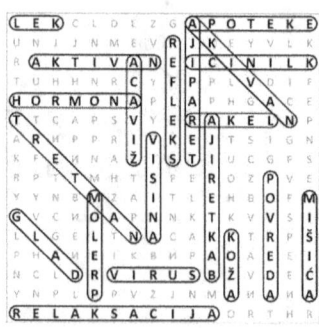

13 - Camping

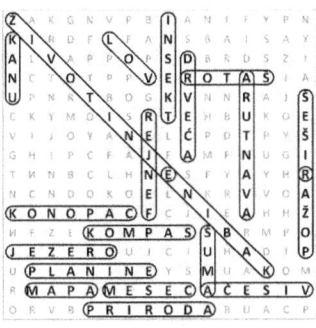

14 - Algebra

15 - Activiteiten

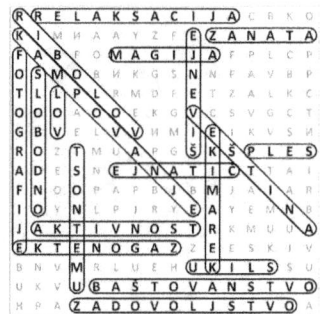

16 - Vormen

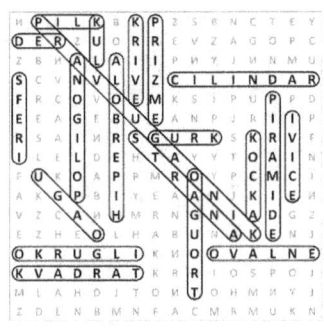

17 - Diplomatie

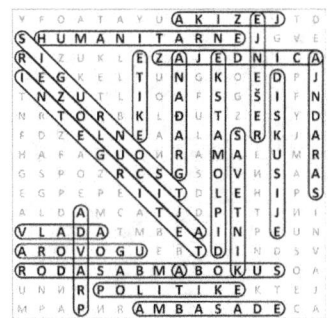

18 - Astronomie

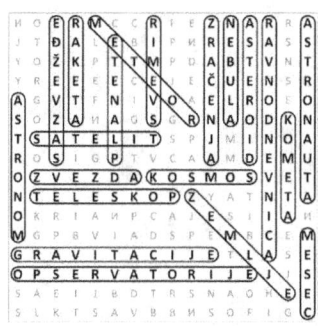

19 - Emoties

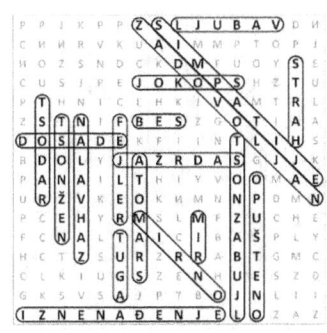

20 - Vakantie #2

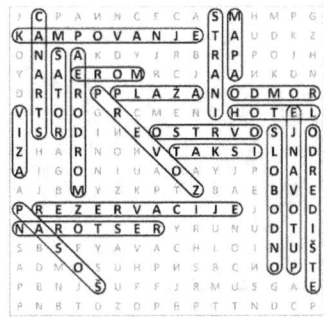

21 - Weersomstandigh

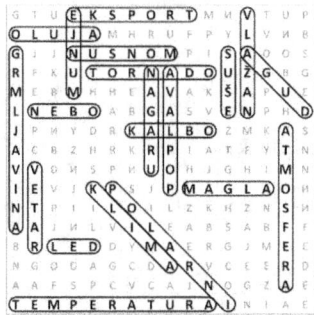

22 - Eten #2

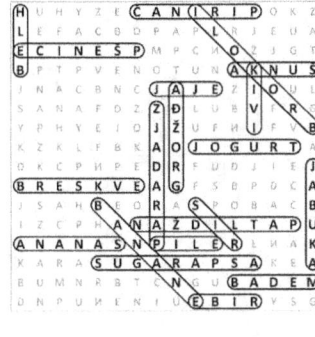

23 - Klimmen

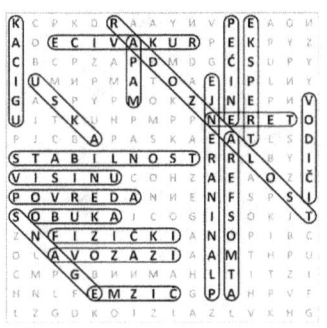

24 - Geologie

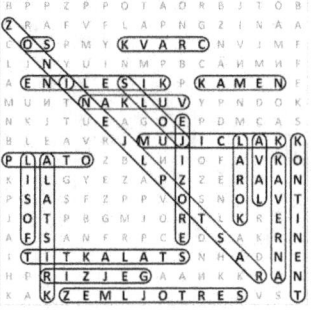

25 - Specerijen

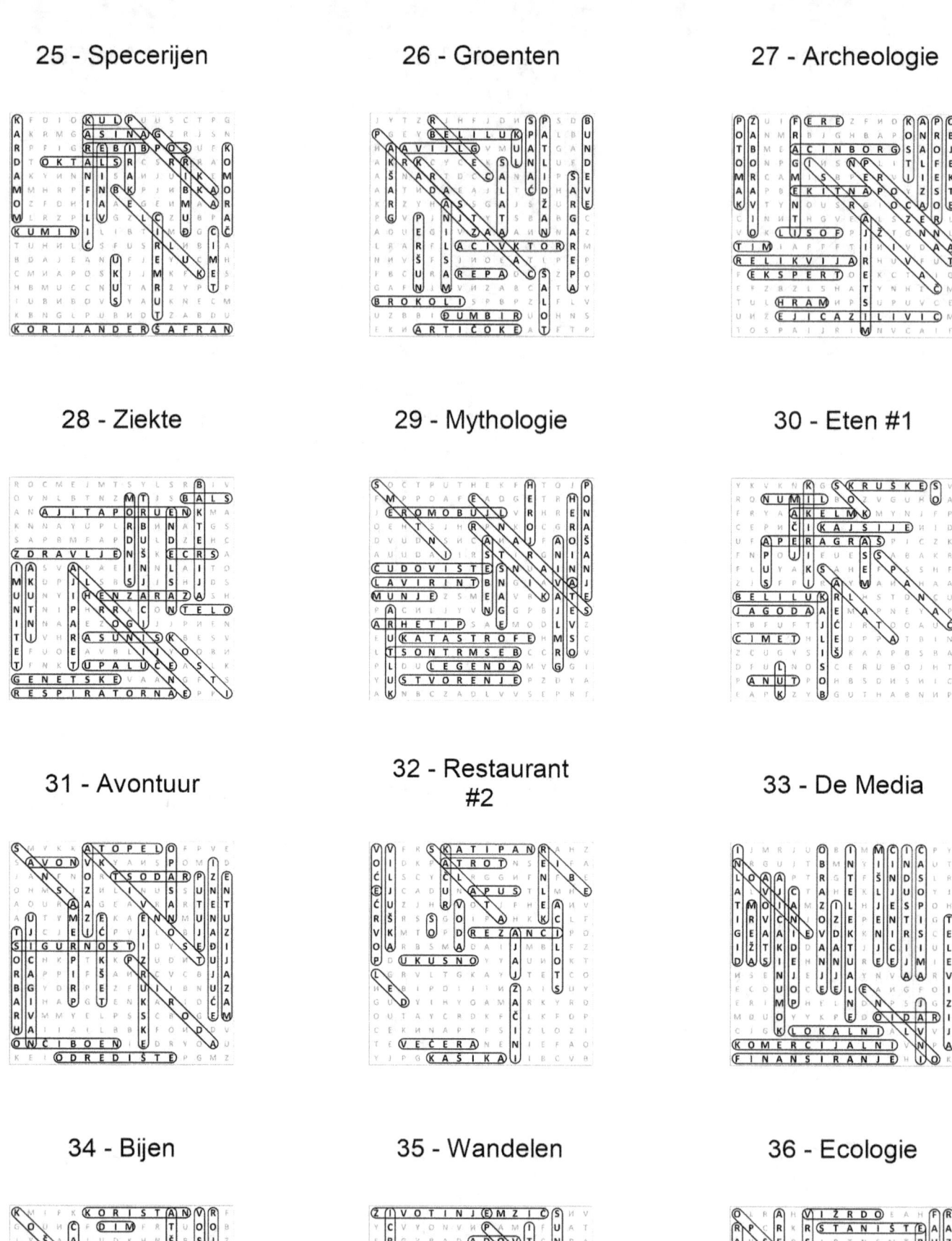

26 - Groenten

27 - Archeologie

28 - Ziekte

29 - Mythologie

30 - Eten #1

31 - Avontuur

32 - Restaurant #2

33 - De Media

34 - Bijen

35 - Wandelen

36 - Ecologie

37 - Biologie

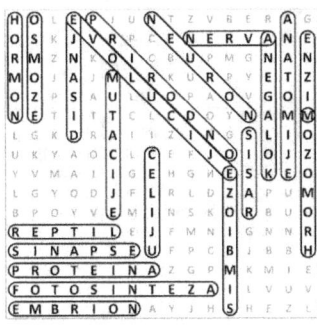

38 - Landen #1

39 - Installaties

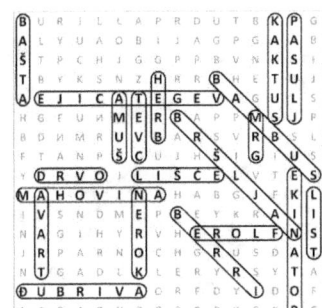

40 - Agronomie

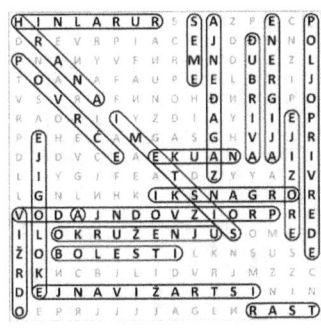

41 - Oceaan

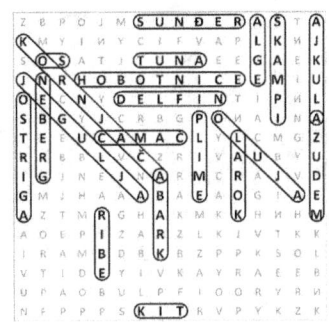

42 - Landen #2

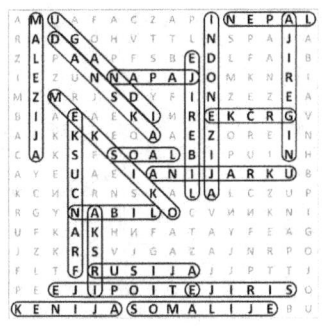

43 - Bloemen

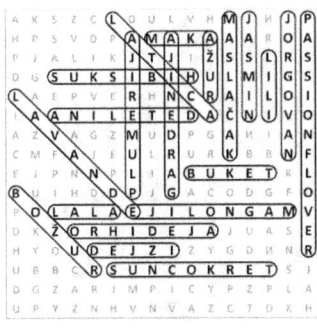

44 - Landschappen

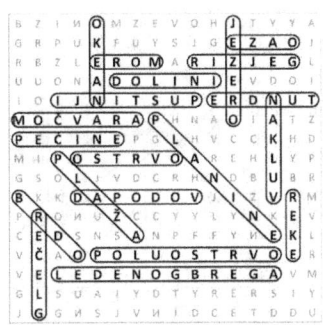

45 - Tuin

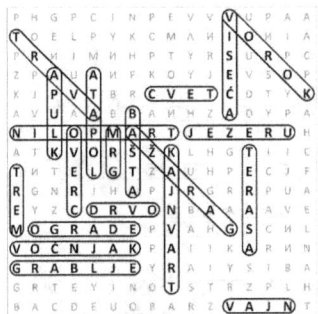

46 - Beroepen #2

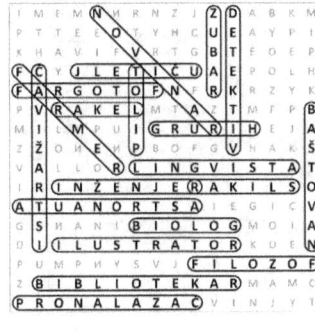

47 - Dagen en Maanden

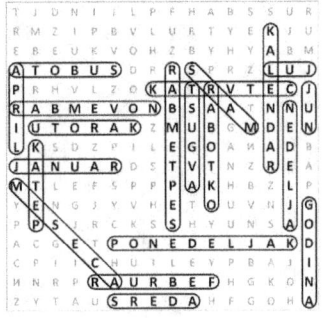

48 - Beeldende Kunsten

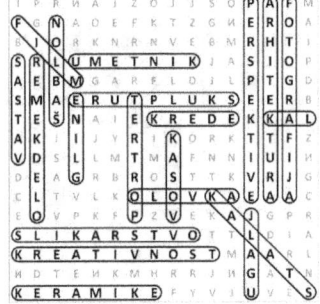

49 - Mode

50 - Tuinieren

51 - Menselijk Lichaam

52 - Energie

53 - Familie

54 - Gebouwen

55 - Kunst

56 - Beroepen #1

57 - Antarctica

58 - Ballet

59 - Fruit

60 - Engineering

61 - Literatuur

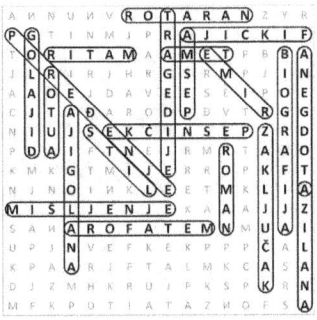

62 - Boeken

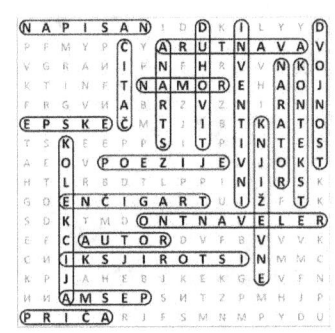

63 - Meer Informatie

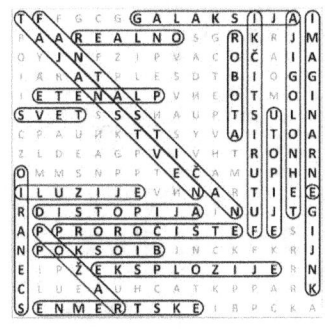

64 - Regenwoud

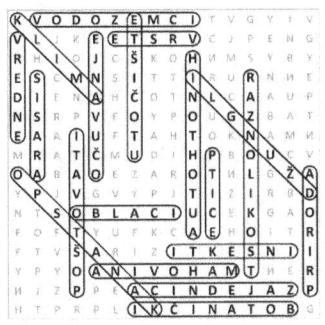

65 - Haartypes

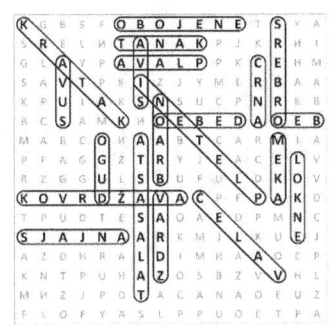

66 - Stad

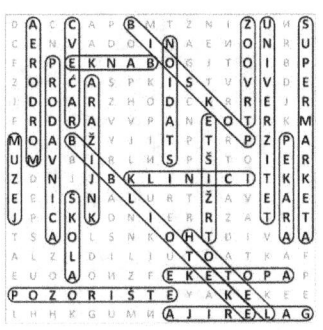

67 - Creativiteit

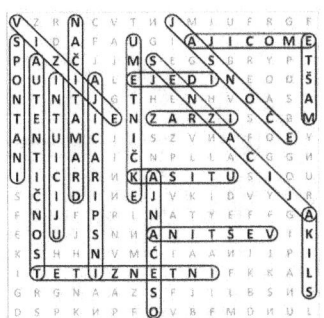

68 - Natuur

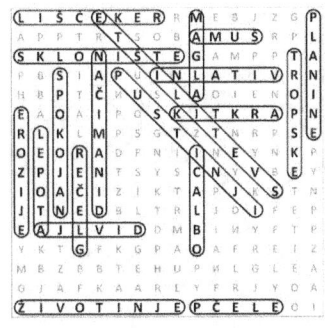

69 - Zoogdieren

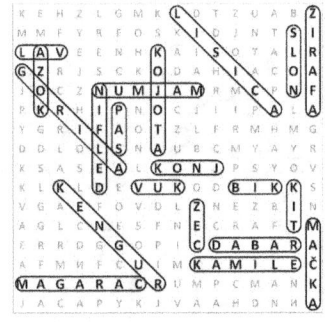

70 - Overheid

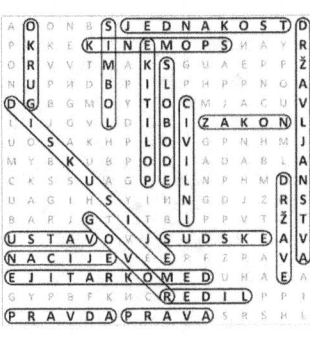

71 - Voertuigen

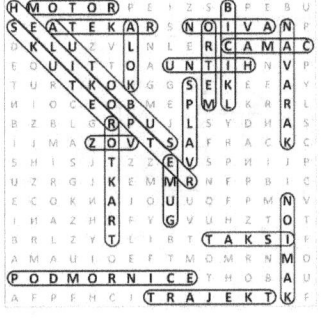

72 - Geografie

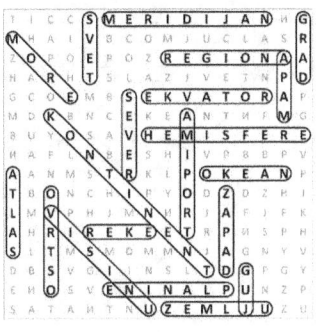

73 - Kunstbenodigdhe

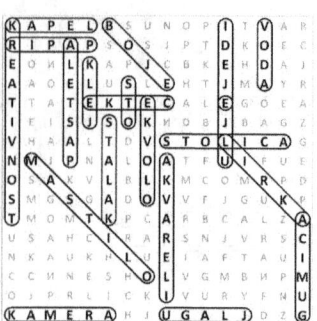

74 - Barbecues

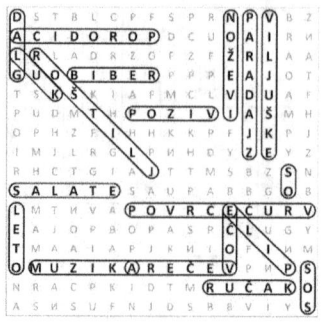

75 - Schoonheid

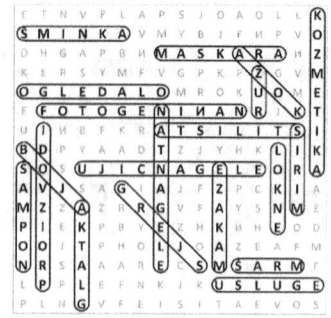

76 - Wetenschappelijk

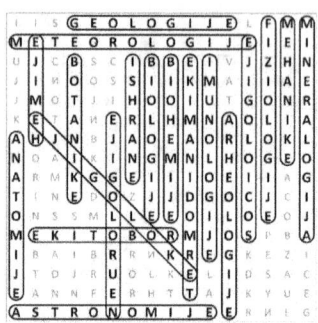

77 - Bijvoeglijke Naamwoorden

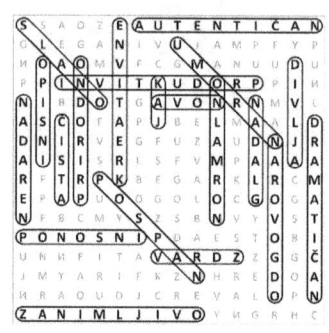

78 - Kleding

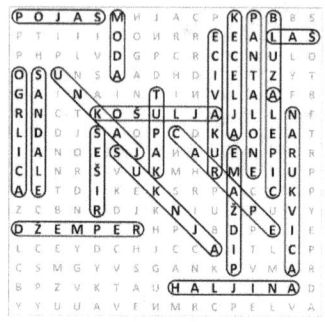

79 - Vliegtuigen

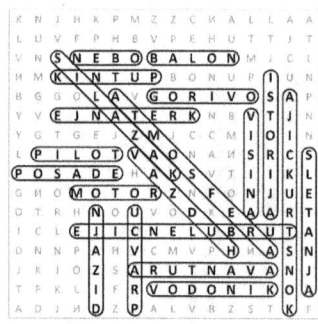

80 - Herbalisme

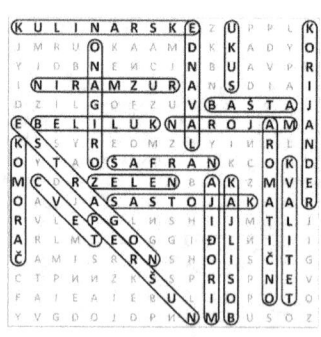

81 - Kracht en Zwaartekracht

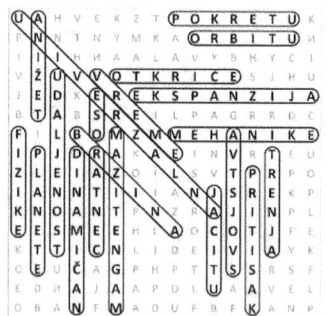

82 - Het Bedrijf

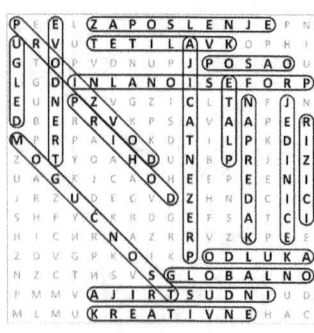

83 - Rijden

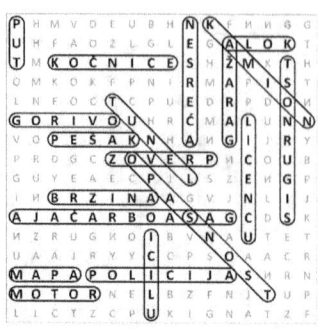

84 - Wetenschap

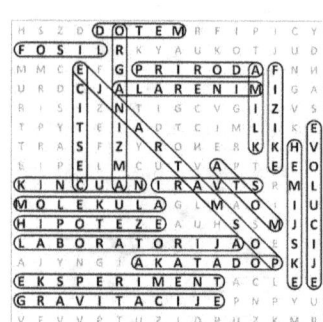

85 - Natuurkunde

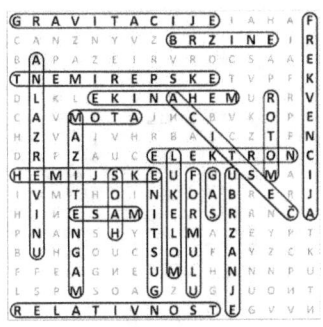

86 - Antiek

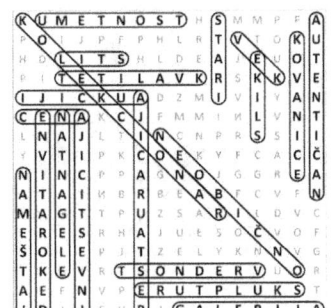

87 - Activiteiten en Vrije Ti

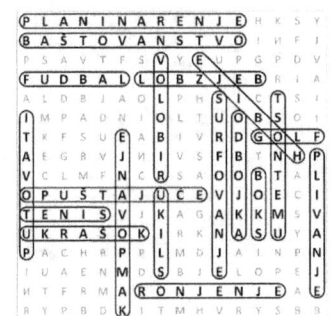

88 - Water

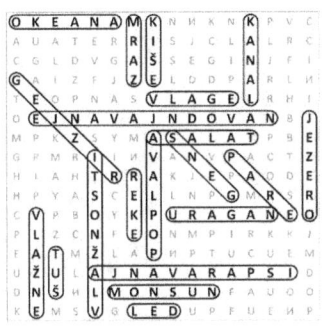

89 - Boerderij #1

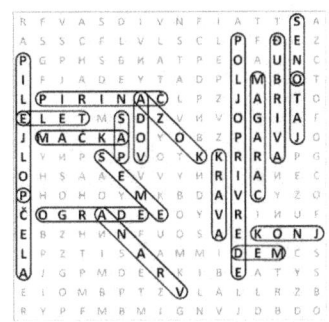

90 - Huis

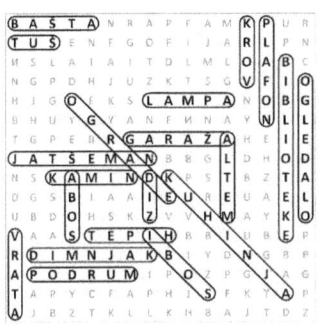

91 - Geometrie

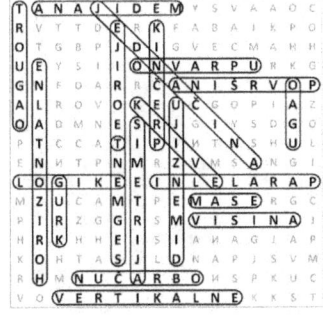

92 - Jazz

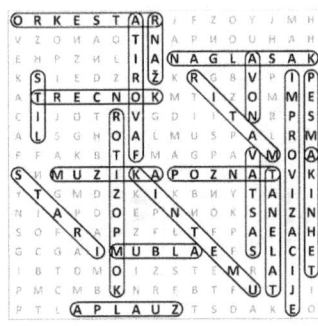

93 - Getallen

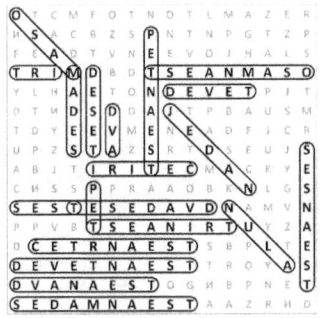

94 - Boksen

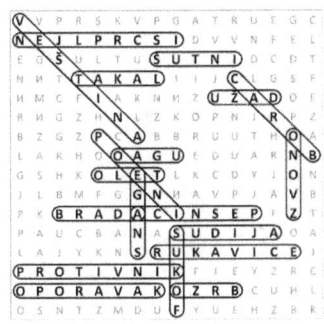

95 - Boerderij #2

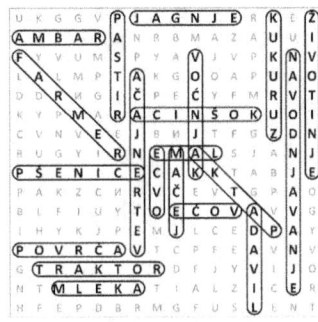

96 - Psychologie

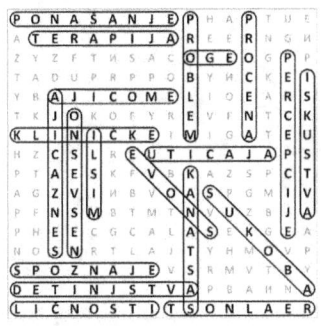

97 - Zakelijk

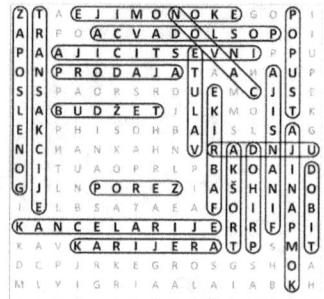

98 - Voeding

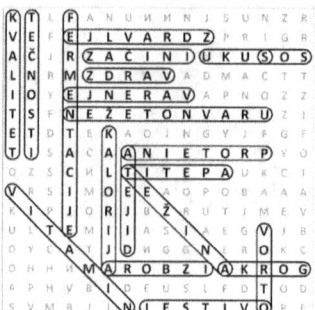

99 - Chemie

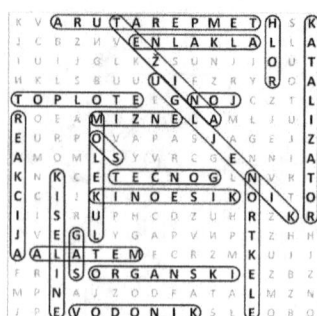

Woordenboek

Activiteiten
Aktivnosti

Activiteit	Aktivnost
Ambachten	Zanata
Dansen	Ples
Fotografie	Fotografije
Hengelsport	Ribolov
Jacht	Lov
Kamperen	Kampovanje
Keramiek	Keramike
Kunst	Umetnost
Lezen	Čitanje
Magie	Magija
Naaien	Šivenje
Ontspanning	Relaksacija
Plezier	Zadovoljstvo
Puzzels	Zagonetke
Schilderij	Sliku
Tuinieren	Baštovanstvo
Vaardigheid	Veština
Vrije Tijd	Slobodno
Wandelen	Planinarenje

Activiteiten en Vrije Ti
Aktivnosti i Slobodno Vr

Basketbal	Košarku
Boksen	Boks
Duiken	Ronjenje
Golf	Golf
Hengelsport	Ribolov
Hobby	Hobije
Honkbal	Bejzbol
Kamperen	Kampovanje
Kunst	Umetnost
Ontspannen	Opuštajuće
Reis	Putovati
Schilderij	Sliku
Surfen	Surfovanje
Tennis	Tenis
Tuinieren	Baštovanstvo
Voetbal	Fudbal
Volleybal	Odbojka
Wandelen	Planinarenje
Zwemmen	Plivanje

Agronomie
Agronomija

Duurzaam	Održiv
Ecologie	Ekologije
Energie	Energija
Erosie	Erozije
Groei	Rast
Groente	Povrće
Landbouw	Poljoprivrede
Landelijk	Ruralnih
Mest	Đubriva
Omgeving	Okruženju
Onderzoek	Istraživanje
Organisch	Organski
Productie	Proizvodnja
Systemen	Sistemi
Vervuiling	Zagađenja
Voedsel	Hrana
Water	Voda
Wetenschap	Nauke
Zaden	Seme
Ziekten	Bolesti

Algebra
Algebra

Aftrekken	Oduzimanje
Diagram	Dijagram
Divisie	Odsek
Exponent	Eksponent
Factor	Faktor
Formule	Formulu
Fractie	Frakcija
Grafiek	Graf
Haakje	Zagrada
Hoeveelheid	Količina
Lineair	Linearne
Matrix	Matrica
Nul	Nula
Oneindig	Beskrajna
Oplossen	Reši
Oplossing	Rešenje
Probleem	Problem
Vals	Lažne
Variabele	Promenljiva
Vergelijking	Jednačina

Antarctica
Антарктика

Baai	Bej
Behoud	Očuvanje
Continent	Kontinent
Eilanden	Ostrva
Expeditie	Ekspedicije
Geografie	Geografije
Gletsjers	Glečera
Ijs	Led
Migratie	Migracije
Mineralen	Minerala
Omgeving	Okruženju
Onderzoeker	Istraživač
Pinguïn	Pingvini
Rotsachtig	Roki
Schiereiland	Poluostrvo
Temperatuur	Temperatura
Topografie	Topografije
Water	Voda
Wetenschappelijk	Naučne
Wolken	Oblaci

Antiek
Antikviteti

Authentiek	Autentičan
Beeldhouwwerk	Skulpture
Decoratief	Dekorativne
Eeuw	Vek
Elegant	Elegantan
Galerij	Galerija
Investering	Investicija
Kunst	Umetnost
Kwaliteit	Kvalitet
Meubilair	Nameštaj
Munten	Kovanice
Ongewoon	Neobično
Oud	Stari
Prijs	Cena
Restauratie	Restauracija
Schilderijen	Slike
Stijl	Stil
Veiling	Aukciji
Verzamelaar	Kolekcionar
Waarde	Vrednost

Archeologie
Arheologija

Analyse	Analiza
Beschaving	Civilizacije
Botten	Kosti
Deskundige	Ekspert
Evaluatie	Procena
Fossiel	Fosil
Fragmenten	Fragmenti
Graf	Grobnica
Mysterie	Misterija
Nakomeling	Potomak
Objecten	Objekte
Onbekend	Nepoznat
Onderzoeker	Istraživač
Oudheid	Antike
Professor	Profesor
Relikwie	Relikvija
Team	Tim
Tempel	Hram
Tijdperk	Ere
Vergeten	Zaboravio

Astronomie
Astronomija

Aarde	Zemlje
Asteroïde	Asteroid
Astronaut	Astronauta
Astronoom	Astronom
Equinox	Ravnodnevnica
Komeet	Kometa
Kosmos	Kosmos
Maan	Mesec
Meteoor	Meteor
Nevel	Nebula
Observatorium	Opservatorije
Planeet	Planete
Raket	Raketa
Satelliet	Satelit
Ster	Zvezda
Sterrenbeeld	Sazvežđe
Straling	Zračenja
Telescoop	Teleskop
Universum	Svemir
Zwaartekracht	Gravitacije

Avontuur
Avantura

Activiteit	Aktivnost
Bestemming	Odredište
Enthousiasme	Entuzijazam
Excursie	Ekskurzije
Gevaarlijk	Opasan
Kans	Šansa
Moed	Hrabrost
Moeilijkheid	Teškoće
Natuur	Priroda
Navigatie	Navigaciju
Nieuw	Nova
Ongewoon	Neobično
Reizen	Putuje
Schoonheid	Lepota
Uitdagingen	Izazova
Veiligheid	Sigurnost
Verrassend	Iznenađujuće
Voorbereiding	Priprema
Vreugde	Radost
Vrienden	Prijatelji

Ballet
Balet

Applaus	Aplauz
Artistiek	Umetničke
Ballerina	Balerina
Choreografie	Koreografija
Componist	Kompozitor
Dansers	Plesača
Expressief	Izražajan
Gebaar	Gest
Intensiteit	Intenzitet
Muziek	Muzika
Orkest	Orkestar
Praktijk	Vežba
Publiek	Publike
Repetitie	Probe
Ritme	Ritam
Sierlijk	Graciozan
Spieren	Mišića
Stijl	Stil
Techniek	Tehnika
Vaardigheid	Veština

Barbecues
Роштиљ

Diner	Večera
Familie	Porodica
Fruit	Voće
Grill	Roštilj
Groente	Povrće
Heet	Vruće
Honger	Glad
Kip	Pile
Lunch	Ručak
Messen	Noževi
Muziek	Muzika
Peper	Biber
Salades	Salate
Saus	Sos
Tomaten	Paradajz
Uien	Luk
Uitnodiging	Poziv
Vorken	Viljuške
Zomer	Leto
Zout	So

Beeldende Kunsten
Vizuelne Umetnosti

Architectuur	Arhitektura
Artiest	Umetnik
Beeldhouwwerk	Skulpture
Creativiteit	Kreativnost
Ezel	Stalak
Film	Film
Foto	Fotografija
Houtskool	Ugalj
Keramiek	Keramike
Klei	Gline
Krijt	Krede
Meesterwerk	Remek-Delo
Perspectief	Perspektive
Portret	Portret
Potlood	Olovka
Samenstelling	Sastav
Schilderij	Slikarstvo
Stencil	Šablon
Vernis	Lak
Was	Vosak

Beroepen #1
Професије Бр.

Advocaat	Advokat
Ambassadeur	Ambasador
Apotheker	Farmaceut
Astronoom	Astronom
Atleet	Sportista
Bankier	Bankar
Brandweerman	Vatrogasac
Cartograaf	Kartograf
Danser	Plesačica
Dierenarts	Veterinar
Dokter	Lekar
Editor	Urednik
Geoloog	Geolog
Jager	Lovac
Juwelier	Zlatar
Muzikant	Muzičar
Pianist	Pijanista
Psycholoog	Psiholog
Verpleegster	Sestra
Wetenschapper	Naučnik

Beroepen #2
Професије Бр.

Arts	Lekar
Astronaut	Astronauta
Bibliothecaris	Bibliotekar
Bioloog	Biolog
Boer	Farmer
Chirurg	Hirurg
Detective	Detektiv
Filosoof	Filozof
Fotograaf	Fotograf
Illustrator	Ilustrator
Ingenieur	Inženjer
Journalist	Novinar
Leraar	Učitelj
Linguïst	Lingvista
Onderzoeker	Istraživač
Piloot	Pilot
Schilder	Slikar
Tandarts	Zubar
Tuinman	Baštovan
Uitvinder	Pronalazač

Bijen
Pčele

Bestuiver	Oprašivač
Bijenkorf	Košnice
Bloemen	Cveće
Bloesem	Cvet
Diversiteit	Raznolikost
Ecosysteem	Ekosistem
Fruit	Voće
Habitat	Stanište
Honing	Med
Insect	Insekt
Koningin	Kraljica
Rook	Dim
Stuifmeel	Polen
Tuin	Bašta
Vleugels	Krila
Voedsel	Hrana
Voordelig	Koristan
Was	Vosak
Zon	Sunce
Zwerm	Roj

Bijvoeglijke Naamwoorden
Придеви Бр.

Aantrekkelijk	Atraktivne
Actief	Aktivan
Ambitieus	Ambiciozan
Aromatisch	Aromatično
Artistiek	Umetničke
Belangrijk	Važno
Diep	Dubok
Donker	Tamno
Dun	Tanak
Eerlijk	Iskren
Exotisch	Egzotične
Identiek	Identičan
Jong	Mlad
Lang	Dugo
Langzaam	Sporo
Modern	Moderan
Onschuldig	Nevin
Perfect	Savršeno
Waardevol	Vredne
Zwaar	Teška

Bijvoeglijke Naamwoorden
Придеви Бр.

Authentiek	Autentičan
Begaafd	Nadaren
Beschrijvend	Opisni
Creatief	Kreativne
Dramatisch	Dramatičan
Gezond	Zdrav
Hongerig	Gladan
Interessant	Zanimljivo
Moe	Umoran
Natuurlijk	Prirodno
Nieuw	Nova
Normaal	Normalno
Productief	Produktivni
Slaperig	Pospan
Sterk	Jak
Trots	Ponosni
Verantwoordelijk	Odgovoran
Wild	Divlja
Zout	Slano
Zuiver	Čista

Biologie
Biologija

Ademhaling	Disanje
Anatomie	Anatomije
Cel	Ćeliju
Chromosoom	Hromozom
Collageen	Kolagena
Eiwit	Proteina
Embryo	Embrion
Enzym	Enzim
Evolutie	Evolucije
Fotosynthese	Fotosinteza
Hormoon	Hormon
Mutatie	Mutacije
Natuurlijk	Prirodno
Neuron	Neuron
Osmose	Osmoze
Reptiel	Reptil
Symbiose	Simbioze
Synaps	Sinapse
Zenuw	Nerva
Zoogdier	Sisar

Bloemen
Cveće

Bloemblad	Latica
Boeket	Buket
Gardenia	Gardenija
Hibiscus	Hibiskus
Jasmijn	Jasmin
Klaver	Detelina
Lavendel	Lavande
Lelie	Lili
Lila	Jorgovan
Madeliefje	Dejzi
Magnolia	Magnolije
Orchidee	Orhideja
Paardebloem	Maslačak
Papaver	Maka
Passiebloem	Passionflover
Pioenroos	Božur
Plumeria	Plumerija
Roos	Ruža
Tulp	Lala
Zonnebloem	Suncokret

Boeken
Knjige

Auteur	Autor
Avontuur	Avantura
Bladzijde	Strana
Collectie	Kolekcija
Context	Kontekst
Dualiteit	Dvojnost
Episch	Epske
Gedicht	Pesma
Geschreven	Napisan
Historisch	Istorijski
Humoristisch	Duhovit
Inventief	Inventivni
Lezer	Čitač
Literair	Književne
Poëzie	Poezije
Relevant	Relevantno
Roman	Roman
Tragisch	Tragične
Verhaal	Priča
Verteller	Narator

Boerderij #1
Фарма Бр.

Bij	Pčela
Ezel	Magarac
Geit	Koza
Hek	Ograde
Hond	Pas
Honing	Med
Hooi	Seno
Kalf	Tele
Kat	Mačka
Kip	Pile
Koe	Krava
Kraai	Vrana
Kudde	Jato
Landbouw	Poljoprivrede
Mest	Đubriva
Paard	Konj
Rijst	Pirinač
Veld	Polje
Water	Voda
Zaden	Seme

Boerderij #2
Фарма # 2

Bijenkorf	Košnica
Boer	Farmer
Boomgaard	Voćnjak
Dieren	Životinje
Eend	Patka
Fruit	Voće
Gerst	Ječam
Groente	Povrća
Herder	Pastir
Irrigatie	Navodnjavanje
Lam	Jagnje
Lama	Lame
Maïs	Kukuruz
Melk	Mleka
Schaap	Ovce
Schuur	Ambar
Tarwe	Pšenice
Tractor	Traktor
Weide	Livada
Windmolen	Vetrenjača

Boksen
Boks

Elleboog	Lakat
Focus	Fokus
Handschoenen	Rukavice
Herstel	Oporavak
Hoek	Ugao
Kin	Brada
Klok	Zvono
Kracht	Snage
Lichaam	Telo
Punten	Poeni
Scheidsrechter	Sudija
Schoppen	Šutni
Snel	Brzo
Tegenstander	Protivnik
Touwen	Užad
Uitgeput	Iscrpljen
Vaardigheid	Veština
Vechter	Borac
Vuist	Pesnica

Boten
Brodovi

Anker	Sidro
Bemanning	Posade
Boei	Bova
Dok	Dok
Golven	Talasa
Jacht	Jahte
Kajak	Kajak
Kano	Kanu
Maritiem	Pomorske
Mast	Jarbol
Meer	Jezero
Motor	Motor
Nautisch	Nautičkih
Oceaan	Okean
Rivier	Reke
Touw	Konopac
Veerboot	Trajekt
Vlot	Splav
Zee	More
Zeilboot	Jedrilica

Camping
Kampovanje

Avontuur	Avantura
Berg	Planine
Bomen	Drveća
Bos	Šuma
Brand	Požar
Cabine	Kabine
Dieren	Životinje
Hangmat	Viseća
Hoed	Šešir
Insect	Insekt
Jacht	Lov
Kaart	Mapa
Kano	Kanu
Kompas	Kompas
Lantaarn	Fenjer
Maan	Mesec
Meer	Jezero
Natuur	Priroda
Tent	Šator
Touw	Konopac

Chemie
Hemija

Alkalisch	Alkalne
Chloor	Hlor
Elektron	Elektron
Enzym	Enzim
Gas	Gas
Gewicht	Težina
Ion	Jon
Katalysator	Katalizator
Koolstof	Ugljenik
Metalen	Metala
Molecuul	Molekul
Organisch	Organski
Reactie	Reakcija
Temperatuur	Temperatura
Vloeistof	Tečnog
Warmte	Toplote
Waterstof	Vodonik
Zout	So
Zuur	Kiseline
Zuurstof	Kiseonik

Chocolade
Čokolada

Antioxidant	Antioksidans
Aroma	Arome
Artisanaal	Zanatski
Bitter	Gorka
Cacao	Kakao
Calorieën	Kalorija
Exotisch	Egzotične
Favoriet	Omiljeni
Heerlijk	Ukusno
Ingrediënt	Sastojak
Karamel	Karamel
Kokosnoot	Kokos
Kwaliteit	Kvalitet
Pinda'S	Kikiriki
Poeder	Prah
Recept	Recept
Smaak	Ukus
Snoep	Bombona
Suiker	Šećera
Zoet	Slatko

Creativiteit
Kreativnost

Artistiek	Umetničke
Beeld	Slika
Dramatisch	Dramatičan
Echtheid	Autentičnost
Emoties	Emocija
Gevoel	Senzacija
Gevoelens	Osećanja
Helderheid	Jasnoće
Ideeën	Ideje
Indruk	Utisak
Inspiratie	Inspiracija
Intensiteit	Intenzitet
Intuïtie	Intuiciju
Inventief	Inventivni
Spontaan	Spontani
Uitdrukking	Izraz
Vaardigheid	Veština
Verbeelding	Mašte
Visioenen	Vizije
Vitaliteit	Vitalnost

Dagen en Maanden
Dani i Meseci

April	April
Augustus	Avgust
Dinsdag	Utorak
Donderdag	Četvrtak
Februari	Februar
Jaar	Godina
Januari	Januar
Juli	Jul
Juni	Jun
Kalender	Kalendar
Maand	Meseca
Maandag	Ponedeljak
Maart	Marš
November	Novembar
Oktober	Oktobar
September	Septembar
Vrijdag	Petak
Week	Nedelja
Woensdag	Sreda
Zaterdag	Subota

De Media
Mediji

Commercieel	Komercijalni
Communicatie	Komunikacija
Digitaal	Digitalni
Editie	Izdanje
Feiten	Činjenice
Financiering	Finansiranje
Houding	Stavova
Individueel	Pojedinac
Industrie	Industrija
Intellectueel	Intelektualne
Kranten	Novine
Lokaal	Lokalni
Mening	Mišljenje
Netwerk	Mreža
Onderwijs	Obrazovanje
Online	Online
Publiek	Javni
Radio	Radio
Televisie	Televizija
Tijdschriften	Časopisima

Diplomatie
Diplomatija

Adviseur	Savetnik
Ambassade	Ambasade
Ambassadeur	Ambasador
Burgers	Građana
Conflict	Sukoba
Diplomatiek	Diplomatske
Discussie	Diskusije
Ethiek	Etike
Gemeenschap	Zajednica
Gerechtigheid	Pravda
Humanitair	Humanitarne
Integriteit	Integritet
Oplossing	Rešenje
Politiek	Politike
Regering	Vlada
Resolutie	Rezolucija
Samenwerking	Saradnja
Talen	Jezika
Veiligheid	Sigurnost
Verdrag	Ugovora

Ecologie
Ekologija

Bergen	Planine
Diversiteit	Raznolikost
Droogte	Suše
Duurzaam	Održiv
Fauna	Faune
Flora	Flore
Gemeenschappen	Zajednice
Globaal	Globalno
Habitat	Stanište
Klimaat	Klima
Marinier	Morskih
Moeras	Močvara
Natuur	Priroda
Natuurlijk	Prirodno
Overleving	Opstanak
Planten	Biljke
Soort	Vrste
Variëteit	Različite
Vegetatie	Vegetacije
Vrijwilligers	Volontera

Emoties
Emocije

Angst	Strah
Beschaamd	Sramota
Dankbaar	Zahvalan
Droefheid	Tuga
Gelukzaligheid	Blaženstvo
Inhoud	Sadržaj
Kalm	Mirno
Liefde	Ljubav
Ontspannen	Opušteno
Opluchting	Reljef
Rust	Spokoj
Sympathie	Simpatije
Tederheid	Nežnost
Tevreden	Zadovoljan
Verrassing	Iznenađenje
Verveling	Dosade
Vrede	Mir
Vreugde	Radost
Vriendelijkheid	Ljubaznost
Woede	Bes

Energie
Energija

Accu	Baterije
Benzine	Benzin
Brandstof	Gorivo
Diesel	Dizel
Elektrisch	Električni
Elektron	Elektron
Entropie	Entropije
Foton	Foton
Hernieuwbaar	Obnovljive
Industrie	Industrija
Koolstof	Ugljenik
Motor	Motor
Nucleair	Nuklearne
Omgeving	Okruženju
Stoom	Pare
Turbine	Turbinu
Vervuiling	Zagađenja
Warmte	Toplote
Waterstof	Vodonik
Wind	Vetar

Engineering
Инжењерска Уметност

As	Ose
Berekening	Obračun
Beweging	Pokretu
Bouw	Konstrukcija
Diagram	Dijagram
Diameter	Prečnik
Diepte	Dubina
Diesel	Dizel
Energie	Energija
Hoek	Ugao
Kracht	Snage
Machine	Mašina
Meting	Merenje
Motor	Motor
Rotatie	Rotacije
Stabiliteit	Stabilnost
Structuur	Struktura
Vloeistof	Tečnog
Voortstuwing	Pogon
Wrijving	Trenja

Eten #1
Храна Бр.

Aardbei	Jagoda
Abrikoos	Kajsije
Basilicum	Bosiljak
Citroen	Limun
Gerst	Ječam
Kaneel	Cimet
Knoflook	Beli Luk
Melk	Mleka
Peer	Kruške
Pinda	Kikiriki
Salade	Salata
Sap	Sok
Soep	Supa
Spinazie	Spanać
Suiker	Šećera
Tonijn	Tuna
Ui	Luk
Vlees	Mesa
Wortel	Šargarepa
Zout	So

Eten #2
Храна # 2

Amandel	Badem
Ananas	Ananas
Appel	Jabuka
Asperge	Asparagus
Aubergine	Patlidžan
Banaan	Banane
Broccoli	Brokoli
Brood	Hleb
Druif	Grožđa
Ei	Jaje
Ham	Šunka
Kaas	Sir
Kip	Pile
Kiwi	Kivi
Perzik	Breskve
Rijst	Pirinač
Tarwe	Pšenice
Tomaat	Paradajz
Vis	Ribe
Yoghurt	Jogurt

Familie
Porodica

Broer	Brat
Dochter	Ćerka
Grootmoeder	Baka
Jeugd	Detinjstva
Kind	Dete
Kinderen	Deca
Kleinkind	Unuka
Kleinzoon	Unuk
Man	Muž
Moeder	Majka
Neef	Nećak
Nicht	Nećakinja
Oom	Ujak
Opa	Deda
Tante	Tetka
Vader	Otac
Vaderlijk	Očinske
Voorouder	Predak
Vrouw	Supruga
Zus	Sestra

Fruit
Voće

Abrikoos	Kajsije
Ananas	Ananas
Appel	Jabuka
Avocado	Avokado
Banaan	Banane
Bes	Berri
Citroen	Limun
Druif	Grožđa
Framboos	Maline
Kers	Višnje
Kiwi	Kivi
Kokosnoot	Kokos
Mango	Mango
Meloen	Dinja
Nectarine	Nektarina
Oranje	Pomorandža
Papaja	Papaja
Peer	Kruške
Perzik	Breskve
Pruim	Plam

Gebouwen
Zgrade

Ambassade	Ambasade
Appartement	Stan
Bioscoop	Bioskop
Boerderij	Farmi
Cabine	Kabine
Fabriek	Fabrike
Hotel	Hotel
Kasteel	Zamak
Laboratorium	Laboratorija
Museum	Muzej
Observatorium	Opservatorije
School	Škola
Schuur	Ambar
Stadion	Stadion
Supermarkt	Supermarketa
Tent	Šator
Theater	Pozorište
Toren	Kula
Universiteit	Univerzitet
Ziekenhuis	Bolnica

Geografie
Geografija

Atlas	Atlas
Berg	Planine
Continent	Kontinent
Eiland	Ostrvo
Evenaar	Ekvator
Halfrond	Hemisfere
Hoogte	Visinu
Kaart	Mapa
Land	Zemlju
Meridiaan	Meridijan
Noorden	Sever
Oceaan	Okean
Regio	Regiona
Rivier	Reke
Stad	Grad
Tropen	Tropima
Wereld	Svet
Westen	Zapad
Zee	More
Zuiden	Jug

Geologie
Geologija

Aardbeving	Zemljotres
Calcium	Kalcijum
Continent	Kontinent
Erosie	Erozije
Fossiel	Fosil
Geiser	Gejzir
Gesmolten	Rastopljeni
Grot	Kaverna
Koraal	Koral
Kristallen	Kristala
Kwarts	Kvarc
Laag	Sloj
Lava	Lava
Plateau	Plato
Stalactiet	Stalaktit
Steen	Kamen
Vulkaan	Vulkan
Zone	Zoni
Zout	So
Zuur	Kiseline

Geometrie
Geometrija

Berekening	Obračun
Cirkel	Krug
Curve	Krive
Diameter	Prečnik
Dimensie	Dimenziju
Driehoek	Trougao
Hoek	Ugao
Hoogte	Visina
Horizontaal	Horizontalne
Logica	Logike
Loodrecht	Upravno
Massa	Mase
Mediaan	Medijana
Oppervlak	Površina
Parallel	Paralelni
Segment	Segment
Symmetrie	Simetrija
Theorie	Teorije
Vergelijking	Jednačina
Verticaal	Vertikalne

Getallen
Brojevi

Acht	Osam
Achttien	Osamnaest
Dertien	Trinaest
Drie	Tri
Een	Jedan
Negen	Devet
Negentien	Devetnaest
Nul	Nula
Tien	Deset
Twaalf	Dvanaest
Twee	Dva
Twintig	Dvadeset
Veertien	Četrnaest
Vier	Četiri
Vijf	Pet
Vijftien	Petnaest
Zes	Šest
Zestien	Šesnaest
Zeven	Sedam
Zeventien	Sedamnaest

Gezondheid en Welzijn #1
Zdravlje i Vellness #1

Actief	Aktivan
Apotheek	Apoteke
Bacteriën	Bakterija
Behandeling	Tretman
Breuk	Prelom
Dokter	Lekar
Gewoonte	Navika
Honger	Glad
Hoogte	Visina
Hormonen	Hormona
Huid	Koža
Kliniek	Klinici
Letsel	Povreda
Medicijn	Lek
Ontspanning	Relaksacija
Reflex	Refleks
Spieren	Mišića
Therapie	Terapija
Virus	Virus
Zenuwen	Živaca

Gezondheid en Welzijn #2
Zdravlje i Vellness #2

Allergie	Alergije
Anatomie	Anatomije
Bloed	Krv
Calorie	Kalorija
Dieet	Dijeta
Energie	Energija
Genetica	Genetike
Gewicht	Težina
Gezond	Zdrav
Herstel	Oporavak
Hygiëne	Higijene
Infectie	Infekcije
Lichaam	Telo
Massage	Masaža
Spijsvertering	Varenje
Stress	Stres
Vitamine	Vitamin
Voeding	Ishrane
Ziekenhuis	Bolnica
Ziekte	Bolest

Groenten
Povrće

Artisjok	Artičoke
Aubergine	Patlidžan
Broccoli	Brokoli
Erwt	Graška
Gember	Đumbir
Knoflook	Beli Luk
Komkommer	Krastavac
Olijf	Maslina
Paddestoel	Gljiva
Peterselie	Peršun
Pompoen	Bundeve
Raap	Repa
Radijs	Rotkvica
Salade	Salata
Selderij	Celer
Sjalot	Šalot
Spinazie	Spanać
Tomaat	Paradajz
Ui	Luk
Wortel	Šargarepa

Haartypes
Tipovi Kose

Blond	Plava
Bruin	Braon
Dik	Debeo
Droog	Suva
Dun	Tanak
Gekleurd	Obojene
Gevlochten	Pleteni
Gezond	Zdrav
Glimmend	Sjajna
Golvend	Talasasta
Grijs	Siva
Kaal	Ćelav
Kort	Kratak
Krullen	Lokne
Krullend	Kovrdžava
Lang	Dugo
Wit	Beo
Zacht	Meka
Zilver	Srebro
Zwart	Crna

Herbalisme
Herbalizam

Aromatisch	Aromatično
Basilicum	Bosiljak
Bloem	Cvet
Culinair	Kulinarske
Dille	Mirođija
Dragon	Estragon
Groen	Zelen
Ingrediënt	Sastojak
Knoflook	Beli Luk
Koriander	Korijander
Kwaliteit	Kvalitet
Lavendel	Lavande
Marjolein	Majoran
Oregano	Origano
Peterselie	Peršun
Rozemarijn	Ruzmarin
Saffraan	Šafran
Smaak	Ukus
Tuin	Bašta
Venkel	Komorač

Het Bedrijf
Kompanija

Beslissing	Odluka
Creatief	Kreativne
Eenheden	Jedinice
Globaal	Globalno
Industrie	Industrija
Inkomsten	Prihod
Innovatief	Inovativne
Investering	Investicija
Kwaliteit	Kvalitet
Loon	Plate
Mogelijkheid	Mogućnost
Presentatie	Prezentacija
Product	Proizvod
Professioneel	Profesionalni
Reputatie	Ugled
Risico'S	Rizici
Trends	Trendove
Vooruitgang	Napredak
Werkgelegenheid	Zaposlenje
Zaak	Posao

Huis
Kuća

Bezem	Metla
Bibliotheek	Biblioteke
Dak	Krov
Deur	Vrata
Douche	Tuš
Garage	Garaža
Haard	Kamin
Hek	Ograde
Kamer	Soba
Kelder	Podrum
Keuken	Kuhinja
Lamp	Lampa
Meubilair	Nameštaj
Muur	Zid
Plafond	Plafon
Schoorsteen	Dimnjak
Slaapkamer	Sobi
Spiegel	Ogledalo
Tapijt	Tepih
Tuin	Bašta

Installaties
Biljke

Bamboe	Bambus
Bes	Berri
Blad	List
Bloem	Cvet
Boom	Drvo
Boon	Pasulj
Bos	Šuma
Cactus	Kaktus
Flora	Flore
Gebladerte	Lišće
Gras	Trava
Klimop	Bršljan
Kruid	Herb
Mest	Đubriva
Mos	Mahovina
Plantkunde	Botanike
Struik	Grm
Tuin	Bašta
Vegetatie	Vegetacije
Wortel	Koren

Jazz
Džez

Album	Album
Applaus	Aplauz
Artiest	Umetnik
Beroemd	Poznat
Componist	Kompozitor
Concert	Koncert
Favorieten	Favorita
Genre	Žanr
Improvisatie	Improvizacije
Lied	Pesma
Muziek	Muzika
Nadruk	Naglasak
Nieuw	Nova
Orkest	Orkestar
Oud	Stari
Ritme	Ritam
Samenstelling	Sastav
Stijl	Stil
Talent	Talenat
Techniek	Tehnika

Keuken
Kuhinja

Cup	Šolje
Eetstokjes	Štapići
Grill	Roštilj
Ketel	Čajnik
Koelkast	Frižider
Kom	Činiju
Kruik	Vrč
Lepels	Kašike
Messen	Noževi
Oven	Rerna
Pollepel	Lonca
Pot	Teglu
Recept	Recept
Schort	Kecelja
Servet	Salveta
Specerijen	Začini
Spons	Sunđer
Voedsel	Hrana
Vorken	Viljuške
Vriezer	Zamrzivač

Kleding
Odeća

Armband	Narukvica
Blouse	Bluza
Broek	Pantalone
Handschoenen	Rukavice
Hoed	Šešir
Jas	Kaput
Jasje	Jaknu
Jurk	Haljina
Ketting	Ogrlica
Mode	Moda
Pyjama	Pidžame
Riem	Pojas
Rok	Suknja
Sandalen	Sandale
Schoen	Cipela
Schort	Kecelja
Shirt	Košulja
Sjaal	Šal
Sokken	Čarape
Trui	Džemper

Klimmen
Penjanje

Atmosfeer	Atmosfera
Deskundige	Ekspert
Fysiek	Fizički
Gidsen	Vodiči
Grot	Pećine
Handschoenen	Rukavice
Helm	Kacigu
Hoogte	Visinu
Kaart	Mapa
Kracht	Snage
Laarzen	Čizme
Letsel	Povreda
Nieuwsgierigheid	Radoznalost
Opleiding	Obuka
Smal	Uska
Stabiliteit	Stabilnost
Terrein	Teren
Uitdagingen	Izazova
Wandelen	Planinarenje

Kracht en Zwaartekracht
Sila i Gravitacija

Afstand	Udaljenost
As	Ose
Baan	Orbitu
Beweging	Pokretu
Centrum	Centar
Druk	Pritisak
Dynamisch	Dinamičan
Eigendommen	Svojstva
Gewicht	Težina
Impact	Uticaj
Magnetisme	Magnetizam
Mechanica	Mehanike
Natuurkunde	Fizike
Ontdekking	Otkriće
Planeten	Planete
Snelheid	Brzina
Tijd	Vreme
Uitbreiding	Ekspanzija
Universeel	Univerzalna
Wrijving	Trenja

Kunst
Umetnost

Beeldhouwwerk	Skulpture
Complex	Kompleks
Creëren	Stvoriti
Eenvoudig	Jednostavan
Eerlijk	Iskren
Geïnspireerd	Inspirisan
Humeur	Raspoloženje
Keramisch	Keramičke
Onderwerp	Tema
Origineel	Originalne
Persoonlijk	Lični
Poëzie	Poezije
Portretteren	Portret
Samenstelling	Sastav
Schilderijen	Slike
Surrealisme	Nadrealizam
Symbool	Simbol
Uitdrukking	Izraz
Visueel	Vizuelni

Kunstbenodigdheden
Umetnički Pribor

Acryl	Akril
Aquarellen	Akvareli
Borstels	Četke
Camera	Kamera
Creativiteit	Kreativnost
Ezel	Stalak
Gom	Gumica
Houtskool	Ugalj
Ideeën	Ideje
Inkt	Mastilo
Klei	Klej
Kleuren	Boje
Lijm	Lepak
Olie	Ulje
Papier	Papir
Pastel	Pastela
Potloden	Olovke
Stoel	Stolica
Tafel	Sto
Water	Voda

Landen #1
Zemlje #1

België	Belgiji
Brazilië	Brazil
Cambodja	Kambodže
Canada	Kanada
Chili	Čile
Duitsland	Nemačka
Egypte	Egipat
Irak	Irak
Israël	Izrael
Italië	Italija
Letland	Letonija
Libië	Libija
Marokko	Maroko
Nicaragua	Nikaragva
Noorwegen	Norveška
Panama	Panama
Polen	Poljska
Roemenië	Rumunija
Senegal	Senegal
Spanje	Španija

Landen #2
Zemlje #2

Denemarken	Danska
Ethiopië	Etiopije
Frankrijk	Francuske
Griekenland	Grčke
Ierland	Irska
Indonesië	Indonezija
Japan	Japan
Kenia	Kenija
Laos	Laos
Libanon	Liban
Liberia	Liberije
Maleisië	Malezija
Mexico	Meksiko
Nepal	Nepal
Nigeria	Nigerija
Oeganda	Ugandi
Oekraïne	Ukrajina
Rusland	Rusija
Somalië	Somalije
Syrië	Sirije

Landschappen
Pejzaži

Berg	Planine
Eiland	Ostrvo
Geiser	Gejzir
Gletsjer	Glečer
Grot	Pećine
Heuvel	Brdo
Ijsberg	Ledenog Brega
Meer	Jezero
Moeras	Močvara
Oase	Oaze
Oceaan	Okean
Rivier	Reke
Schiereiland	Poluostrvo
Strand	Plaža
Toendra	Tundre
Vallei	Dolini
Vulkaan	Vulkan
Waterval	Vodopad
Woestijn	Pustinji
Zee	More

Literatuur
Književnost

Analogie	Analogija
Analyse	Analiza
Anekdote	Anegdota
Auteur	Autor
Biografie	Biografija
Conclusie	Zaključak
Dialoog	Dijalog
Fictie	Fikcija
Gedicht	Pesma
Mening	Mišljenje
Metafoor	Metafora
Poëtisch	Pesničke
Rijm	Rime
Ritme	Ritam
Roman	Roman
Stijl	Stil
Thema	Tema
Tragedie	Tragedije
Vergelijking	Poređenje
Verteller	Narator

Meditatie
Meditacija

Aandacht	Pažnja
Aanvaarding	Prihvatanje
Ademhaling	Disanje
Beweging	Pokret
Dankbaarheid	Zahvalnost
Emoties	Emocija
Gedachten	Misli
Geluk	Sreća
Helderheid	Jasnoće
Houding	Stav
Mededogen	Saosećanje
Mentaal	Mentalne
Muziek	Muzika
Natuur	Priroda
Observatie	Posmatranje
Perspectief	Perspektive
Stilte	Tišina
Vrede	Mir
Vriendelijkheid	Ljubaznost
Wakker	Budan

Meer Informatie
Naučna Fantastika

Bioscoop	Bioskop
Boeken	Knjige
Brand	Požar
Denkbeeldig	Imaginarne
Dystopie	Distopija
Explosie	Eksplozije
Extreem	Ekstremne
Fantastisch	Fantastičan
Futuristisch	Futuristički
Illusie	Iluzije
Mysterieus	Tajanstven
Orakel	Proročište
Planeet	Planete
Realistisch	Realno
Robots	Robota
Scenario	Scenario
Sterrenstelsel	Galaksija
Technologie	Tehnologija
Utopie	Utopije
Wereld	Svet

Menselijk Lichaam
Ljudsko Telo

Been	Nogu
Bloed	Krv
Elleboog	Lakat
Enkel	Skočni Zglob
Hand	Ruka
Hart	Srce
Hersenen	Mozak
Hoofd	Glava
Huid	Koža
Kaak	Vilice
Kin	Brada
Knie	Koleno
Maag	Stomak
Mond	Usta
Nek	Vrat
Neus	Nos
Oor	Uvo
Schouder	Rame
Tong	Jezik
Vinger	Prst

Metingen
Меасуремeнтс

Breedte	Širina
Byte	Bajt
Centimeter	Centimetar
Decimaal	Decimalne
Diepte	Dubina
Gewicht	Težina
Graad	Stepen
Gram	Gram
Hoogte	Visina
Inch	Inča
Kilogram	Kilogram
Kilometer	Kilometar
Lengte	Dužina
Liter	Litar
Massa	Mase
Meter	Metar
Minuut	Minut
Ons	Unca
Ton	Tona
Volume	Volumen

Mode
Moda

Bescheiden	Skroman
Betaalbaar	Povoljnim
Borduurwerk	Vez
Comfortabel	Udoban
Duur	Skupo
Eenvoudig	Jednostavan
Elegant	Elegantan
Kant	Čipke
Kleding	Odeću
Knop	Dugmad
Minimalistisch	Minimalista
Modern	Moderan
Origineel	Originalne
Patroon	Obrazac
Praktisch	Praktične
Stijl	Stil
Stof	Tkanina
Textuur	Teksture
Trend	Trend
Winkel	Butik

Muziek
Muzika

Album	Album
Ballade	Balada
Harmonie	Harmonije
Improviseren	Improvizujem
Instrument	Instrument
Klassiek	Klasične
Koor	Hor
Lyrisch	Lirski
Melodie	Melodi
Microfoon	Mikrofon
Muzikaal	Muzičke
Muzikant	Muzičar
Opera	Opere
Opname	Snimanje
Poëtisch	Pesničke
Ritme	Ritam
Ritmisch	Ritmičke
Tempo	Tempo
Zanger	Pevačica
Zingen	Pevam

Mythologie
Mitologija

Archetype	Arhetip
Bliksem	Munje
Creatie	Stvaranje
Cultuur	Kultura
Donder	Grmljavina
Doolhof	Lavirint
Gedrag	Ponašanje
Held	Heroj
Heldin	Heroina
Hemel	Nebesa
Jaloezie	Ljubomore
Kracht	Snage
Krijger	Ratnik
Legende	Legenda
Monster	Čudovište
Onsterfelijkheid	Besmrtnost
Ramp	Katastrofe
Sterfelijk	Smrtni
Wezen	Stvorenje
Wraak	Osveta

Natuur
Priroda

Arctisch	Arktik
Bergen	Planine
Bijen	Pčele
Bos	Šuma
Dieren	Životinje
Dynamisch	Dinamičan
Erosie	Erozije
Gebladerte	Lišće
Gletsjer	Glečer
Heiligdom	Svetilište
Mist	Magla
Rivier	Reke
Schoonheid	Lepota
Schuilplaats	Sklonište
Sereen	Spokojan
Tropisch	Tropske
Vitaal	Vitalni
Wild	Divlja
Woestijn	Pustinji
Wolken	Oblaci

Natuurkunde
Fizika

Atoom	Atom
Chaos	Haos
Chemisch	Hemijske
Deeltje	Čestica
Dichtheid	Gustine
Elektron	Elektron
Experiment	Eksperiment
Formule	Formulu
Frequentie	Frekvencija
Gas	Gas
Magnetisme	Magnetizam
Massa	Mase
Mechanica	Mehanike
Molecuul	Molekul
Motor	Motor
Relativiteit	Relativnost
Snelheid	Brzine
Universeel	Univerzalna
Versnelling	Ubrzanje
Zwaartekracht	Gravitacije

Oceaan
Okeana

Aal	Jegulja
Algen	Alge
Boot	Čamac
Dolfijn	Delfin
Garnaal	Škampi
Getijden	Plime
Haai	Ajkula
Koraal	Koral
Krab	Kraba
Kwal	Meduza
Octopus	Hobotnice
Oester	Ostriga
Rif	Greben
Schildpad	Kornjača
Spons	Sunđer
Storm	Oluja
Tonijn	Tuna
Vis	Ribe
Walvis	Kit
Zout	So

Opwarming van de Aarde
Globalno Zagrevanje

Aandacht	Pažnja
Arctisch	Arktik
Crisis	Krize
Energie	Energija
Gas	Gas
Gegevens	Podataka
Generaties	Generacije
Gevolgen	Posledice
Industrie	Industrija
Internationaal	Međunarodni
Klimaat	Klima
Milieu	Ekološka
Nu	Sada
Ontwikkeling	Razvoj
Populaties	Populacije
Regering	Vlada
Temperaturen	Temperature
Toekomst	Budućnost
Wetenschapper	Naučnik
Wetgeving	Zakona

Overheid
Vlade

Burgerschap	Državljanstva
Civiel	Civilni
Democratie	Demokratije
Discussie	Diskusije
Gelijkheid	Jednakost
Gerechtelijk	Sudske
Gerechtigheid	Pravda
Grondwet	Ustav
Leider	Lider
Monument	Spomenik
Natie	Nacije
Nationaal	Nacionalna
Politiek	Politike
Rechten	Prava
Staat	Države
Symbool	Simbol
Toespraak	Govor
Vrijheid	Slobode
Wet	Zakon
Wijk	Okrug

Psychologie
Psihologija

Afspraak	Sastanak
Beoordeling	Procena
Bewusteloos	Nesvesno
Cognitie	Spoznaje
Conflict	Sukoba
Dromen	Snove
Ego	Ego
Emoties	Emocija
Ervaringen	Iskustva
Gedachten	Misli
Gedrag	Ponašanje
Gevoel	Senzacija
Invloed	Uticaja
Jeugd	Detinjstva
Klinisch	Kliničke
Perceptie	Percepcije
Persoonlijkheid	Ličnosti
Probleem	Problem
Realiteit	Realnost
Therapie	Terapija

Regenwoud
Rainforest

Amfibieën	Vodozemci
Behoud	Očuvanje
Botanisch	Botanički
Diversiteit	Raznolikost
Gemeenschap	Zajednica
Inheems	Autohtonih
Insecten	Insekti
Jungle	Džungli
Klimaat	Klima
Mos	Mahovina
Natuur	Priroda
Overleving	Opstanak
Respect	Poštovati
Restauratie	Restauracija
Soort	Vrste
Toevlucht	Utočište
Vogels	Ptice
Waardevol	Vredne
Wolken	Oblaci
Zoogdieren	Sisara

Restaurant #2
Ресторан № 2

Cake	Torta
Diner	Večera
Drank	Napitak
Eieren	Jaja
Fruit	Voće
Groente	Povrće
Heerlijk	Ukusno
Ijs	Led
Lepel	Kašika
Lunch	Ručak
Noedels	Rezanci
Ober	Kelner
Salade	Salata
Soep	Supa
Specerijen	Začini
Stoel	Stolica
Vis	Ribe
Vork	Viljuška
Water	Voda
Zout	So

Rijden
Vožnja

Auto	Kola
Brandstof	Gorivo
Garage	Garaža
Gas	Gas
Gevaar	Opasnost
Kaart	Mapa
Licentie	Licencu
Motorfiets	Motor
Ongeluk	Nesreća
Politie	Policija
Remmen	Kočnice
Snelheid	Brzina
Straat	Ulici
Tunnel	Tunel
Veiligheid	Sigurnost
Verkeer	Saobraćaja
Vervoer	Prevoz
Voetganger	Pešak
Vrachtauto	Kamion
Weg	Put

Schoonheid
Lepota

Charme	Šarm
Cosmetica	Kozmetika
Diensten	Usluge
Elegant	Elegantan
Elegantie	Eleganciju
Fotogeniek	Fotogeniиan
Genade	Grejs
Geur	Miris
Glad	Glatka
Huid	Koža
Kleur	Boja
Krullen	Lokne
Lippenstift	Ruž
Mascara	Maskara
Producten	Proizvodi
Schaar	Makaze
Shampoo	Šampon
Spiegel	Ogledalo
Stilist	Stilista
Verzinnen	Šminka

Specerijen
Začini

Anijs	Anisa
Bitter	Gorka
Gember	Đumbir
Kaneel	Cimet
Kardemom	Kardamom
Kerrie	Kari
Knoflook	Beli Luk
Komijn	Kumin
Koriander	Korijander
Kruidnagel	Karanfilić
Kurkuma	Turmeric
Paprika	Paprika
Peper	Biber
Saffraan	Šafran
Smaak	Ukus
Ui	Luk
Vanille	Vanile
Venkel	Komorač
Zoet	Slatko
Zout	So

Stad
Grad

Apotheek	Apoteke
Bakkerij	Pekara
Bank	Banke
Bibliotheek	Biblioteke
Bioscoop	Bioskop
Bloemist	Cvećar
Boekhandel	Knjižara
Dierentuin	Zoo Vrt
Galerij	Galerija
Hotel	Hotel
Kliniek	Klinici
Luchthaven	Aerodrom
Markt	Tržište
Museum	Muzej
School	Škola
Stadion	Stadion
Supermarkt	Supermarketa
Theater	Pozorište
Universiteit	Univerzitet
Winkel	Prodavnica

Tijd
Vreme

Dag	Dan
Decennium	Decenije
Eeuw	Vek
Gisteren	Juče
Jaar	Godina
Jaarlijks	Godišnje
Kalender	Kalendar
Maand	Meseca
Middag	Podne
Minuut	Minut
Morgen	Sutra
Na	Posle
Nacht	Noć
Nu	Sada
Ochtend	Jutro
Toekomst	Budućnost
Uur	Sat
Vandaag	Danas
Vroeg	Rano
Week	Nedelja

Tuin
Гарден

Bank	Klupa
Bloem	Cvet
Boom	Drvo
Boomgaard	Voćnjak
Garage	Garaža
Gazon	Travnjak
Gras	Trava
Hangmat	Viseća
Hark	Grablje
Hek	Ograde
Onkruid	Korov
Schop	Lopata
Slang	Crevo
Struik	Grm
Terras	Terasa
Trampoline	Trampolin
Tuin	Bašta
Veranda	Trem
Vijver	Jezeru
Wijnstok	Vajn

Tuinieren
Baštovanstvo

Blad	List
Bloemen	Cvetni
Bloesem	Cvet
Bodem	Zemlja
Boeket	Buket
Boomgaard	Voćnjak
Botanisch	Botanički
Compost	Kompost
Container	Kontejner
Eetbaar	Jestivo
Exotisch	Egzotične
Gebladerte	Lišće
Klimaat	Klima
Seizoensgebonden	Sezonski
Slang	Crevo
Soort	Vrste
Vocht	Vlage
Vuil	Prljavštine
Water	Voda
Zaden	Seme

Vakantie #2
Одмор # 2

Bestemming	Odredište
Buitenlander	Stranac
Buitenlands	Strani
Eiland	Ostrvo
Hotel	Hotel
Kaart	Mapa
Kamperen	Kampovanje
Luchthaven	Aerodrom
Paspoort	Pasoš
Reis	Putovanje
Reserveringen	Rezervacije
Restaurant	Restoran
Strand	Plaža
Taxi	Taksi
Tent	Šator
Vakantie	Odmor
Vervoer	Prevoz
Visum	Viza
Vrije Tijd	Slobodno
Zee	More

Vliegtuigen
Avioni

Afdaling	Silazak
Atmosfeer	Atmosfera
Avontuur	Avantura
Ballon	Balon
Bemanning	Posade
Bouw	Konstrukcija
Brandstof	Gorivo
Geschiedenis	Istorija
Hemel	Nebo
Hoogte	Visina
Landen	Sletanja
Lucht	Vazduh
Motor	Motor
Navigeren	Kretanje
Ontwerp	Dizajn
Passagier	Putnik
Piloot	Pilot
Richting	Pravcu
Turbulentie	Turbulencije
Waterstof	Vodonik

Voeding
Ishrana

Bitter	Gorka
Calorieën	Kalorija
Dieet	Dijeta
Eetbaar	Jestivo
Eetlust	Apetit
Eiwitten	Proteina
Evenwichtig	Uravnotežen
Fermentatie	Fermentacije
Gewicht	Težina
Gezond	Zdrav
Gezondheid	Zdravlje
Keuzes	Izbora
Kwaliteit	Kvalitet
Saus	Sos
Smaak	Ukus
Specerijen	Začini
Spijsvertering	Varenje
Toxine	Otrov
Vitamine	Vitamin
Vloeistoffen	Tečnosti

Voertuigen
Vozila

Ambulance	Hitnu
Auto	Kola
Banden	Gume
Boot	Čamac
Bus	Autobus
Caravan	Karavan
Fiets	Bicikl
Helikopter	Helikopter
Metro	Metro
Motor	Motor
Onderzeeër	Podmornice
Raket	Raketa
Scooter	Skuter
Taxi	Taksi
Tractor	Traktor
Trein	Voz
Veerboot	Trajekt
Vliegtuig	Avion
Vlot	Splav
Vrachtauto	Kamion

Vogels
Ptice

Duif	Golub
Eend	Patka
Ei	Jaje
Flamingo	Flamingo
Gans	Guska
Kip	Pile
Koekoek	Kukavica
Kraai	Vrana
Meeuw	Galeb
Mus	Vrapca
Ooievaar	Roda
Papegaai	Papagaj
Pauw	Paun
Pelikaan	Pelikan
Pinguïn	Pingvin
Reiger	Heron
Struisvogel	Noja
Toekan	Tukan
Uil	Sova
Zwaan	Labud

Vormen
Oblici

Bol	Sferi
Boog	Luk
Cilinder	Cilindar
Cirkel	Krug
Curve	Krive
Driehoek	Trougao
Hoek	Ugao
Hyperbool	Hiperbola
Kant	Strana
Kegel	Klip
Kubus	Kocka
Lijn	Red
Ovaal	Ovalne
Piramide	Piramide
Prisma	Prizme
Randen	Ivice
Rechthoek	Pravougaonik
Ronde	Okrugli
Veelhoek	Poligona
Vierkant	Kvadrat

Wandelen
Planinarenje

Berg	Planine
Dieren	Životinje
Gevaren	Opasnosti
Kaart	Mapa
Kamperen	Kampovanje
Klif	Klif
Klimaat	Klima
Laarzen	Čizme
Moe	Umoran
Muggen	Komarci
Natuur	Priroda
Oriëntatie	Položaj
Parken	Parkova
Stenen	Kamenje
Top	Samit
Voorbereiding	Priprema
Water	Voda
Wild	Divlja
Zon	Sunce
Zwaar	Teška

Water
Voda

Douche	Tuš
Geiser	Gejzir
Golven	Talasa
Ijs	Led
Irrigatie	Navodnjavanje
Kanaal	Kanal
Meer	Jezero
Moesson	Monsun
Oceaan	Okeana
Orkaan	Uragan
Overstroming	Poplava
Regen	Kiše
Rivier	Reke
Sneeuw	Sneg
Stoom	Pare
Verdamping	Isparavanja
Vocht	Vlage
Vochtig	Vlažne
Vochtigheid	Vlažnosti
Vorst	Mraz

Weersomstandigheden
Vreme

Atmosfeer	Atmosfera
Bliksem	Munje
Donder	Grmljavina
Droogte	Suše
Hemel	Nebo
Ijs	Led
Klimaat	Klima
Mist	Magla
Moesson	Monsun
Orkaan	Uragan
Overstroming	Poplava
Polair	Polarni
Regenboog	Duga
Storm	Oluja
Temperatuur	Temperatura
Tornado	Tornado
Tropisch	Tropske
Vochtig	Vlažan
Wind	Vetar
Wolk	Oblak

Wetenschap
Nauka

Atoom	Atom
Chemisch	Hemijske
Deeltjes	Čestice
Evolutie	Evolucije
Experiment	Eksperiment
Feit	Stvari
Fossiel	Fosil
Gegevens	Podataka
Hypothese	Hipoteze
Klimaat	Klima
Laboratorium	Laboratorija
Methode	Metod
Mineralen	Minerala
Moleculen	Molekula
Natuur	Priroda
Natuurkunde	Fizike
Observatie	Posmatranje
Organisme	Organizma
Wetenschapper	Naučnik
Zwaartekracht	Gravitacije

Wetenschappelijke Discip
Naučne Discipline

Anatomie	Anatomije
Archeologie	Arheologije
Astronomie	Astronomije
Biochemie	Biohemije
Biologie	Biologije
Chemie	Hemije
Ecologie	Ekologije
Fysiologie	Fiziologije
Geologie	Geologije
Immunologie	Imunologije
Mechanica	Mehanike
Meteorologie	Meteorologije
Mineralogie	Mineralogija
Neurologie	Neurologije
Plantkunde	Botanike
Psychologie	Psihologije
Robotica	Robotike
Sociologie	Sociologije
Thermodynamica	Termodinamike
Voeding	Ishrane

Wiskunde
Matematike

Bol	Sferi
Decimaal	Decimalne
Diameter	Prečnik
Divisie	Odsek
Driehoek	Trougao
Exponent	Eksponent
Fractie	Frakcija
Geometrie	Geometrije
Hoeken	Uglova
Loodrecht	Upravno
Omtrek	Obim
Parallel	Paralelni
Parallellogram	Paralelogram
Rechthoek	Pravougaonik
Rekenkundig	Aritmetika
Symmetrie	Simetrija
Veelhoek	Poligona
Vergelijking	Jednačina
Vierkant	Kvadrat
Volume	Volumen

Zakelijk
Biznis

Bedrijf	Kompanija
Begroting	Budžet
Belastingen	Porez
Carrière	Karijera
Economie	Ekonomije
Fabriek	Fabrike
Financiën	Finansija
Geld	Novac
Inkomen	Prihod
Investering	Investicija
Kantoor	Kancelarije
Korting	Popust
Kosten	Troška
Transactie	Transakcije
Valuta	Valute
Verkoop	Prodaja
Werkgever	Poslodavca
Werknemer	Zaposlenog
Winkel	Radnju
Winst	Dobit

Ziekte
Bolest

Acuút	Akutni
Ademhaling	Respiratorna
Allergieën	Alergije
Bacterieel	Bakterija
Besmettelijk	Zarazne
Botten	Kosti
Buik	Trbušnjaci
Chronisch	Hronične
Erfelijk	Nasledne
Genetisch	Genetske
Gezondheid	Zdravlje
Hart	Srce
Immuniteit	Imunitet
Lichaam	Telo
Neuropathie	Neuropatija
Ontsteking	Upalu
Sinus	Sinusa
Syndroom	Sindrom
Therapie	Terapija
Zwak	Slab

Zoogdieren
Sisari

Aap	Majmun
Bever	Dabar
Coyote	Kojota
Dolfijn	Delfin
Ezel	Magarac
Geit	Koza
Giraf	Žirafa
Gorilla	Gorila
Hond	Pas
Kameel	Kamile
Kangoeroe	Kengur
Kat	Mačka
Konijn	Zec
Leeuw	Lav
Olifant	Slon
Paard	Konj
Stier	Bik
Vos	Lisica
Walvis	Kit
Wolf	Vuk

Gefeliciteerd

Je hebt het gehaald!

We hopen dat u net zoveel plezier beleeft aan dit boek als wij aan het maken ervan. We doen ons best om spellen van hoge kwaliteit te maken.
Deze puzzels zijn op een slimme manier ontworpen zodat je actief kunt leren terwijl je plezier hebt!

Vond je ze mooi?

Een Eenvoudig Verzoek

Onze boeken bestaan dankzij de recensies die zij publiceren.
Kunt u ons helpen door nu een mening achter te laten ?

Hier is een korte link die u naar uw
bestellingen beoordelingspagina.

BestBooksActivity.com/Recensie50

FINAAL UITDAGING!

Uitdaging nr. 1

Klaar voor uw bonusspel? We gebruiken ze de hele tijd, maar ze zijn niet zo gemakkelijk te vinden. Hier zijn **Synoniemen!**

Noteer 5 woorden die je ontdekt hebt in elk van de onderstaande puzzels (nr. 21, nr. 36, nr. 76) en probeer voor elk woord 2 synoniemen te vinden.

Notitie 5 Woorden uit *Puzzle 21*

Woorden	Synoniem 1	Synoniem 2

Notitie 5 Woorden uit *Puzzle 36*

Woorden	Synoniem 1	Synoniem 2

Notitie 5 Woorden uit *Puzzle 76*

Woorden	Synoniem 1	Synoniem 2

Uitdaging nr. 2

Nu je opgewarmd bent, noteer 5 woorden die je ontdekt hebt in elke hieronder genoteerde puzzel (nr. 9, nr. 17, nr. 25) en probeer voor elk woord 2 antoniemen te vinden. Hoeveel regels kan je doen in 20 minuten?

Notitie 5 Woorden uit *Puzzle 9*

Woorden	Antoniem 1	Antoniem 2

Notitie 5 Woorden uit *Puzzle 17*

Woorden	Antoniem 1	Antoniem 2

Notitie 5 Woorden uit *Puzzle 25*

Woorden	Antoniem 1	Antoniem 2

Uitdaging nr. 3

Prachtig, deze finaal uitdaging  is makkelijk voor jou!

Klaar voor de laatste? Kies je 10 favoriete woorden die je in een van de puzzels hebt ontdekt en noteer ze hieronder.

1.	6.
2.	7.
3.	8.
4.	9.
5.	10.

De uitdaging is nu om met deze woorden en binnen een maximum van zes zinnen een tekst te schrijven over een persoon, dier of plaats waar je van houdt!

Tip: U kunt de laatste blanco pagina van dit boek als kladblaadje gebruiken!

Je schrijven:

NOTITIEBOEKJE:

TOT SNEL!

GENIET VAN GRATIS SPELLEN

GO

↓

BESTACTIVITYBOOKS.COM/FREEGAMES

www.ingramcontent.com/pod-product-compliance
Lightning Source LLC
Chambersburg PA
CBHW081712120626

46550CB00010B/3111